북즐 지식백과 시리즈 7

예　민　한
사 람 들 을
위　　　한
연애 심리학

배승아 지음

북즐 지식백과 시리즈 7 ────────────────

예민한 사람들을 위한

연애 심리학

| 펴 낸 날 | 초판 1쇄 2024년 11월 25일 |

────────────────────────────────

지 은 이	배승아
펴 낸 곳	투데이북스
펴 낸 이	이시우
교정·교열	김지연
일러스트	부현주
편집 디자인	박정호
표지 디자인	D&A design
출판등록	2011년 3월 17일 제307-2013-64 호
주 소	서울특별시 성북구 솔샘로25길 28
대표전화	070-7136-5700 팩스 02) 6937-1860
홈페이지	http://www.todaybooks.co.kr
도서목록	https://todaybooks.wixsite.com/todaybooks
페이스북	http://www.facebook.com/todaybooks
전자우편	ec114@hanmail.net

ISBN 979-11-987493-1-4 03180

ⓒ 배승아

북즐 지식백과 시리즈 07

예민한 사람들을 위한
연애 심리학

배승아 지음

투데이북스
TodayBooks

세상에서 제일 좋은 남편과 살고 있다

남편이 갑자기 방문을 열고 반가운 얼굴로 들어오며 묻는다. "뭐해?"

나는 황급히 문서창을 내리며 다급하게 말한다. "아니야. 들어오지 마."

또다. 남편은 내가 딴 일을 한참 할 때는 잠잠하다가 글만 쓰기 시작하면 귀신같이 알고 방문을 열며 나타난다. 어떻게 매번 그럴 수 있는지 진실로 놀랍다. 어떤 이야기를 쓰고 있는지까지는 남편에게 알렸지만, 미완성의 글을 보여주는 건 어쩐지 쑥스럽다. 나는 나와 남편, 우리의 이야기를 쓰고 있다.

나와 그는 햇수로 따지면 어느새 6년을 함께 하고 있는데, 그 시간 동안 갈등이 있었던 적은 있어도 그것이 심한 싸움으로 번진 적은 한 번도 없다. 그래서 가끔 가볍게 술을 마시며 기분 좋은 대화를 할 때나, 아늑한 카페에서 여유로운 대화를 할 때, 혹은 집에서 느긋하게 시간을 보내며 편안한 대화를 할 때면, 어김없이 서로에게 "우리는 왜 계속 잘 지내지?"라고 물으며 신기해하고, "덕분에 계속 잘 지낼 수 있어서 고마워"라고 말한다.

나와 잘 지낼 수 있는 사람이 이 세상에 없을 것 같아 '혼자 살아야 하나?'를 고민했던 우리가, 어떤 사람이 좋냐고 묻는 질문에 원하는 사람의 특성에 대해 솔직하게 말하면 "힘들겠는데? 그냥 혼자 살아"라는 피드백을 받던 우리가, 한집에서 이상할 정도로 잘 지내고 있다. 우리가 함께 지나온 시간은 어떤 힘을 어떻게 만들어 낸 걸까? 나만 알고 있는 이야기로 가만히 두기엔 아쉬워 글로 남기기로 결심했다.

내가 30대 후반, 그가 20대 후반일 때 우리는 처음 만났다. '독서'와 '심리학에 관한 관심'이 겹쳐 처음부터 대화가 잘 통했지만, 나이 차이가 8살이나 난다는 걸 알고 나서 '더 이상 가까워지기는 어렵겠구나' 생각했다. 그러나 우리의 연락과 만남은 끊어질 듯 이어지며 가느다란 실처럼 드문드문 연결됐고, 우리는 어쩌다 보니 일주일에 한 번씩 주기적으로 만나 수다를 떠는 친구가 되어있었다.

친구라 부르지만, 속으로는 그를 '기간제 친구'로 여겼다. 그에게 여자친구가 생길 때까지만 이어지는 그런 잠정적인 관계. 그는 연애를 원했고, 나는 연애보다는 부담 없이 편하게 만나는 정도의 관계가 좋았다. 나는 돌싱이었고, 그는 미혼이었다. 그는 특별한 경력 없이 그냥저냥 취업 준비를 하고 있던 백수였고, 나는 별다른 계획 없이 퇴사를 앞두고 있는 직장인이었다. 여러모로

예민한 사람들을 위한 **연애 심리학**

우리가 연애할 일은 없을 거라 생각했다. 하지만 만나다 보니 각자의 이유로 호감이 커져 결국 사귀어보기로 했다. 다만, 기존의 시작과는 다른 점이 있었는데, '헤어짐을 염두에 두고' 만나는 것에 서로 분명히 동의했다는 점이었다.

연애의 끝에 헤어짐을 선택지로 둔다는 건 연애에서 모순적인 태도를 낳는다. 헤어질 수 있으니 다소 가벼운 마음으로 만나면서도, 같은 이유로 그 연애에 오롯이 집중하여 최선을 다하게 한다. 꽤 오랜 시간, 나는 항상 오늘이 마지막일지도 모른다는 생각으로 그를 만났다. 오늘 헤어져도 후회하지 않으려 스스로 더 좋은 사람이 되려 했고, 나와 함께하는 동안 그 역시 더 좋은 사람으로 만들어주고 싶었다. '좋은 사람을 더 좋은 사람으로.' 실제로 이 문구는 한동안 내 카톡 프로필에 적혀 있기도 했다. 이런 마음 때문인지 우리는 연애 초기부터 합이 참 잘 맞았다.

그리고 교제한 지 고작 5개월 정도 지났을 무렵, 그는 나와 결혼하고 싶다고 고백했다. 특수교육을 전공하고 언어재활사가 된 나와, ADHD를 가진 그. 매너리즘에 빠져 슬럼프를 겪으며 일에서의 새로운 자극이 필요했던 나와, 그럴싸하게 이뤄놓은 성과는 없지만, 성장에 대한 열망만은 가득했던 그. 게다가 둘 다 '매우 예민한 사람(HSP)'이라는 보편적이지 않은 기질까지 공유하고 있었으니, 돌이켜 생각해 보면 아마도 이미 우리는 최고의 짝꿍이 될만한 가능성을 짙게 내포하고 있었는지도 모르겠다.

하지만 다시 결혼을 감당할 자신이 없었던 나는 일단 답을 미루었고, 이후 우리는 많은 일을 함께 겪었다. 편안하고 즐거운 데이트, 다양한 무게의 갈등, 나의 번아웃과 우울증 재발, 그의 사업 시작과 ADHD 진단 등등. 그러다 결정적으로 데이트를 위해 마련한 원룸 아지트에서의 시간을 통해 드디어 나도 결혼에 대한 결심이 섰다. 그와 한 공간에서 오랫동안 함께 있으면서 믿기 힘들 정도로 평온했고, 그가 역할 분담에 따라 자신이 맡은 집안일을 불평 없이 묵묵히 하는 모습을 보며 그와 같이 살아가는 삶에 대한 가능성을 엿보았기 때문이다.

'좋은 사람을 더 좋은 사람으로.' 나는 아직도 처음의 그 마음을 온전히 기억하고 있고, 지금도 변함없이 그런 마음으로 그를 대하고 있다. 내 곁에서 그가 원하는 모습에 최대한 가까워지기를 바라며, 스스로를 더욱 사랑하고 행복하기를 소망한다. 만약 우리가 함께하지 못하게 된다 하더라도, 그가 그렇게 된다면 그걸로 됐다. 아마도 이러한 마음이 사이좋은 부부의 근간이 아닐까?

그렇게, 나는 2019년 초봄에 남편을 친구로 만났고, 그해 늦여름에 연인으로 받아들였으며, 2022년 아름다운 봄날에 배우자로 맞이하여 사이좋게 잘 지내고 있다.

예민한 사람들을 위한 **연애 심리학**

하고 싶은 이야기가 많은 나는 오늘도 글을 쓰려고 문서창을 열고, 어김없이 방문을 열고 들어온 그와의 대화가 반복된다.

"뭐해?"

"아니야. 들어오지 마."

아무래도 글을 쓰기 전 방문에 안내판을 붙여놔야겠다, '집필 중'이라고.

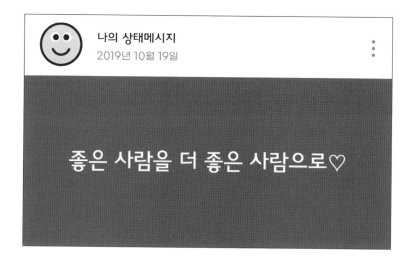

목차

프롤로그 : : 005

PART 1 연애의 조건

01 와인의 남자 : : 015
02 매우 예민한 사람 : : 021
03 토요일 오후 2시 : : 027
04 여덟 살 차이 : : 031
05 빈말 (+ 반전의 속마음) : : 036
06 밝혀야 할 과거 : : 040
07 통화 전 루틴 (+ 통화 가능해요?) : : 045
08 어른의 성장 프로젝트 : : 050
09 무작정 다녀온 여행 : : 056
10 고백 전 일주일 : : 063
11 연애를 시작하는 조건 : : 068

PART 2 예민한 사람들의 연애

12 사고의 연속 : : 075
13 데이트 통장 : : 080
14 남자의 눈물 (+ 너무 늦기 전에) : : 084
15 피하고 싶었던 섹스 : : 089
16 쌀국수 미션? : : 092
17 찰떡궁합 문제 해결 : : 097
18 늦게 알게 된 ADHD : : 102
19 학대 가정 : : 108
20 사업과 자존감 회복 (+ 그런 풍족한 만남이면 충분했어) : : 114

PART 3 아지트에서의 6개월

21 아지트 구하기 : : 125
22 슬기로운 아지트 생활 : : 131
23 결혼 결심 : : 136
24 분노의 여행 : : 140
25 헤어질 결심 : : 145
26 프러포즈 : : 149
27 커리어와 마음 챙김 : : 153
28 훅 들어온 신혼집 : : 156
29 안녕, 우리의 행복한 아지트 : : 161

PART 4 매일 완성해가는 부부의 세계

30 작고 소중한 결혼식 : : 169
31 집순이와 집돌이의 한집 살이 : : 175
32 단비 같은 소식 : : 182
33 에세이 모임 : : 188
34 스몰 토크 : : 193
35 프린세스 메이커 : : 202
36 불안 애착, 안정 애착 : : 207
37 요즘 행복해? : : 213

에필로그 : : 219

PART

1

연애의 조건

와인의 남자

이혼 후에는 사람들과의 만남을 꺼리게 되어, 1년에 몇 번 친한 사람들과의 약속만 겨우 챙겼다. 직업상 다양하고 많은 사람을 만난다지만 그들과는 공적인 대화만 나눌 뿐 마음속 깊은 이야기는 할 수 없었고, 업무적 필요에 의해서만 사람을 만나다 보니 낯선 사람들과 어울리는 것도 점점 어색해졌다. 그렇게 5년여를 보내다 어느 날, 문득 사람의 온기와 사람과의 대화가 그리워졌다.

그래서 독서 모임에 나가기 시작했다. 마침 새해가 시작되었고 새해 계획 중 하나가 독서였으므로, 이왕이면 책도 읽고 책을 매개로 한 다양한 주제로 사람들과 깊이 있는 이야기도 나누고 싶어 독서 모임을 선택했다. 그리고 운이 좋았던 건지 처음 나갔던 모임이 너무 재밌어서 매주 한 번씩 열리는 독서토론 모임에

4년째 꾸준히 참여하게 되었다. 자연스럽게 몇몇 회원과 유난히 돈독해졌고, 그중 한 명의 초대를 받아 참석한 집들이 번외 모임에서 남편과 처음 만났다.

바람이 쌀쌀하지만 어떻게든 봄의 기운을 느껴보려 애쓰던 3월 초였다. 겨우내 갓 이직한 직장에 적응하느라 그토록 좋아하는 독서토론 모임에도 자주 나가지 못한 채 몹시 지쳐 있었다. 그런데 라디오에서 〈벚꽃 엔딩〉이라던가 〈봄이 좋냐?〉 같은 봄을 알리는 노래들이 슬금슬금 흘러나오기 시작했다. 듣자마자 '벌써?'라는 생각이 스쳤지만, 이내 '조금 이르지만 많은 이들이 설레는 마음으로 봄을 기다리고 있기 때문이겠지?'라며 고개를 끄덕였다. 물론 나도 예외는 아니었다. 겨울보다 햇살이 한결 따뜻해져 당장이라도 밖으로 나가 사람들과 만나 웃고 떠들며 신나게 놀고 싶었다. 그런 때에 마침 집들이 초대를 받았고, 마다할 이유가 전혀 없었다.

초대를 받을 때는 모두가 아는 회원들만 참석하는 편안한 자리라고 들었는데, 막상 약속 장소에 가보니 낯선 얼굴이 한 명 있었다. 나를 초대한 이후 새롭게 초대된 회원인 것 같았다. 눈이 마주쳐 서로 어색하게 고개만 까딱하며 인사를 나눴고, 일단 집주인을 따라 걸었다.

예민한 사람들을 위한 **연애 심리학**

얼마간 걸어 도착한 그곳은 신축 아파트라 그런지 정문부터 반짝반짝 새것의 느낌이 가득했다. 우리는 감탄의 눈빛으로 두리번거리면서 현관문을 들어서서 집들이라는 명목에 걸맞게 집주인에게 집들이 선물을 건넸고, 집주인의 안내에 따라 감탄사를 연발하며 집 구경을 잠깐 했다. 좀처럼 신축 아파트를 구경할 일이 없던 나는 요즘 아파트의 뛰어난 구조와 구성에 '우와~'라는 탄성이 진심으로 나왔지만, 마음은 이미 다음 순서로 넘어가 있었다.

그리고 드디어 그 시간! 모두가 커다란 식탁에 둘러앉음으로써 본격적인 파티가 시작되었다. 술은 와인, 안주는 회와 다과. 가볍게 시작하기에 괜찮은 조합이었다. 특히 화이트와인이 유독 맛있었는데, 그건 모르는 사람이 집들이 선물로 가져온 것이었다. 그 덕분에 나는 그에 대한 호감과 관심이 조금 올라갔다.

그날은 이상하게 약속에 가기 전부터 술이 당기던 데다, 술맛까지 마음에 들어, 나는 홀짝거리며 와인을 계속 마셨다. 그러는 사이 앉은 자리에 따라 자연스레 대화가 나뉘었는데, 식탁 앞쪽에 앉은 두 사람과 중간에 앉은 두 사람이 어느새 그들만의 대화에 빠져들어, 식탁 끝에 앉은 나와 모르는 사람만 남게 되었다. 그렇게 되니 우리도 멀뚱히 앉아만 있기는 뭐 해서 아무 말이나 하며 대화를 시작했다. 그게 나와 남편의 첫 대화였다.

모르는 사람과 대화를 나눌 때는 먼저 공통의 관심사를 빠르게 찾아야 어색한 침묵으로 이어지는 불상사를 막을 수 있다. 그래서 나는 그가 가져온 화이트와인에 대한 호감으로 말문을 텄고, 여기까지는 수월했다. 하지만 대화를 이어가고자 좋아하는 책이나 영화 등을 소재로 공통의 관심사를 찾으려는 시도는 실패했는데, 안타깝게도 우리의 취향이 너무나 달랐기 때문이다. 다행히 현재의 관심사로 넘어가자 대화를 길게 이어줄 '심리학'이라는 공통의 관심사가 나타났다. 휴~ 나는 대학에서 심리학을 부전공으로 택했을 정도로 심리학에 깊은 관심이 있었기에, 요즘 그가 심리학에 흥미를 느끼고 있다는 말을 듣고 무척 반가웠다. 그래서 나는 그에게 물었다. "어느 학파 좋아해요?" 그러자 그는 "로저스요"라고 답했다. 자연스럽게 말이 이어졌다.

"어? 로저스면 인본주의 심리학이죠? 공감과 수용 같은 개념을 중요시하는."

"네. 맞아요."

"왜 로저스를 좋아해요?"

"인간을 가능성이 있는 존재로 바라보니까요."

염세적인 사람들이 늘어나는 요즘, 인간을 바라보는 그의 긍정적인 시선이 마음에 들었다. 이후 로고스 심리학, 행동주의 심리학, 인지주의 심리학에 대해서도 서로의 생각을 나눴다. 심리학이 화두가 되자 할 말이 넘쳐난 우리 둘의 대화는 집들이가 끝날 때까지 거의 끊임없이 계속되었다.

뜻밖의 인물을 만나 바람대로 신나는 하루를 보낸 후, 다시 일상으로 돌아와 『기브 앤 테이크』를 구입해 읽었다. 이 책은 몇 주 후에 있을 독서토론의 지정도서로, 그가 자신이 추천한 책이니 시간이 된다면 모임에 오라고 제안했기 때문이다.

가고 싶어 이미 책을 읽는 중이면서도 고민이 됐다. 사실 굉장히 많은 회원의 얼굴, 아니면 이름이라도 알던 내가 그를 모르던 데에는 다 이유가 있었다. 독서토론 모임은 수요일과 토요일, 주 2회 진행되는데, 나는 매번 토요일에 참석하고 그는 항상 수요일에 참석해 서로 마주칠 일이 없었던 것이다. 직장인인 나는 퇴근 후 참석하는 것이 부담스러워 여유로운 토요일 오후 모임에만 참석하고 있었다. 그리고 그가 권한 모임은 당연히 수요일이었다.

그 당시 대화가 통한다는 느낌이 드는 상대를 찾기가 너무 어렵고, 내가 좋아하는 주제로 깊은 대화를 나눌 수 있는 상대가 턱없이 부족해 외로웠다. 남녀노소를 불문하고 대화가 즐거운 상대가 절실했다. 그랬기에 만나자마자 신나게 대화를 나눈 그에 대해 호기심이 생겼고, 독서토론에서는 어떤 모습일지 궁금해졌다. 하지만 참석하고 싶다가도, '평일인데 괜찮을까?'라는 생각에 마음이 갈팡질팡했다.

그러던 차에 모임 며칠 전 그에게 메시지가 왔다. "내가 말한 독서모임에 올 거예요?" 한참 만에 온 연락이었고, 메시지가 따로 올 것이라고는 전혀 예상하지 못했기에 의외였다. 하지만 반가웠다. 또, '그때 나눈 대화가 나만 좋은 게 아니었구나'라는 생각에 기뻤다. 그래서 "네, 갈 거예요"라고 답하며 마음을 완전히 정했다.

연애 심리학

66 사랑의 시작은 사소한 것들에서 비롯되며, 상대방에 대한 관심을 가지는 것에서 출발한다. 가령 그것이 상대방을 당황하게 하더라도 자신의 작은 관심을 표현하는 것이 중요하다. 모든 것은 작은 관심에서 시작되며, 하나씩 알아가면서 관계가 깊어지는 것이다.

예민한 사람들을 위한 **연애 심리학**

매우 예민한 사람

이혼 후 연애는 몰라도 재혼은 어려울 거라 생각했다. 도무지 누군가와 한집에서 공간을 공유하며 평화롭게 사는 내 모습이 상상되지 않았다. 아마도 이전 결혼생활에서의 깨달음 때문이리라. 나는 그때 쉽지 않은 시간을 겪으며 나에 대해 많은 것들을 알게 되었는데, 가령 이러한 것들이었다.

나는 영역 동물인 고양이 마냥 내 공간이 침범 받는 걸 극도로 싫어하고, 넉넉한 개인적 공간이 필요해서 결혼하더라도 각자의 방이 있어야 한다는 것. 수면의 질은 나에게 매우 중요하기에 잠은 무조건 따로 자야 한다는 것. 외출 후 집에 돌아오면 반드시 먼저 손발을 씻고 실내복으로 갈아입어야 한다는 것. 집안일의 규칙적인 루틴이 깨지면 몹시 언짢아지므로 서로 약속한 집안일은 항상 제때 이루어져야 한다는 것.

일단 여기까지만 보아도 '결혼할 때 이 모든 것을 수용할 남자가 과연 존재할까?'라는 질문에 대한 답은 그리 희망적이지 않았다. 그래서 나는 나를 '까다로운 사람'이라고 스스로 규정지었다.

까다로운 사람이 반드시 나쁜 건 아니지만 그렇다고 긍정적인 인상을 주는 것도 아니라서 나는 사람들과 만날 때 나의 까다로움을 가급적 숨기려 했다. 사람을 많이 대하는 직업 덕분에 그리 어렵지 않았고, 적당한 거리감을 유지하는 관계에서는 대부분 무난히 해낼 수 있었다.

그런데 그와 처음 만난 날, 그는 나와 두 시간 정도 대화를 나누더니, 대뜸 나에게 "민감도 테스트해 볼래요?"라고 제안했다. 내가 이유를 묻자, 나의 여러 비언어적 행동에서 민감도가 높아 보인다고 했다. 나는 지금까지 살아오면서 스스로를 예민하거나 민감하다고 생각해 본 적이 없었고, 단지 '까다롭다'고만 여겼기에 그의 말이 의외였다. 하지만 심리 테스트 같은 단순한 테스트라 생각하고, 그냥 재미로 해보기로 했다.

그가 테스트 문항을 톡으로 보내준다고 해서 우리는 자연스럽게 연락처를 주고받았다. 잠시 후 '카톡' 소리가 울려 대화창을 열어보니 문항의 수가 생각보다 많았다. 앞선 문항들만 대충 읽어봐도 이 테스트가 단순한 재미로 하는 것보다는 훨씬 더 전문적인 성격을 띠고 있다는 것을 알 수 있었다. 때문에 기분 좋게 술을 마셔 객관성을 잃어버린 그때에는 할 수 없겠다는 생각이 들어, 바로 할 건가 싶어 나를 쳐다보는 그에게 지금은 정신이 없으니 나중에 집중해서 해보겠다고 말하며 휴대폰 화면을 껐다.

다음날 정신이 또렷한 상태에서 신중하게 답을 체크하고 결과를 확인했더니, 그냥 민감한 사람도 아니고 '매우 민감한 사람'이 나왔다. 예상치 못한 결과에 어리둥절하다가 테스트를 하고 결과를 알려달라던 그의 말이 생각나 곧바로 연락해 결과를 전했다. 그런데 그는 이미 알고 있었다는 듯 별로 놀라지 않았다. 오히려 자신은 나보다 더 높은 점수를 받았고, 그가 아는 사람 중에서는 내가 가장 높은 점수를 받은 것이라고 말했다.

테스트 이후 며칠간 '민감한 사람'에 대한 생각이 머릿속을 맴돌았다. 그러다 문득 테스트의 출처가 궁금해져 그에게 물으니 『센서티브』라는 책이라고 했다. 나는 곧장 그 책을 구매해 단숨에 읽어 내렸다.
'센서티브 한 사람'은 '남들보다 민감한 사람'이다. 주변 사람들에게 대개 예민하고, 비사교적이며, 신경질적인 사람이란 평가를 받고, 유난 떨지 말라는 사회적 시선에 스트레스, 압박, 부담감을 엄청나게 느낀다. 하지만 '민감함'은 결코 고쳐야 할 나쁜 특성이 아니라, 오히려 개발해야 할 특별한 자질이다. 자기 자신을 비난하지 말아야 하며, 자신을 억지로 바꾸려 하지 말아야 한다.

이 내용 외에도 책 속의 모든 말이 내 얘기 같아서 읽는 내내 마음이 아프면서도 깊은 위로를 받았다.

책을 읽은 이후 '민감한 사람'에 대해 더 많이, 그리고 더 깊이 알고 싶어졌다. 그래서 관련 자료들을 닥치는 대로 찾아 미친 듯이 읽었고, 그 결과 원하던 대로 많은 정보를 얻었다.

'민감한 사람'을 지칭하는 전문 용어는 'HSP(Highly Sensitive Person)'로, 이는 고(高) 감각을 가진 사람, 즉 '매우 예민한 사람'을 의미한다. 이 개념은 심리학자 일레인 아론에 의해 처음으로 제시되었으며, 전체 인구의 15~20% 정도를 차지한다.

이들은 마치 섬세한 안테나처럼 주변의 자극을 예리하게 포착하고 반응하는 독특한 특성을 지니고 있다. 빛, 소리, 냄새, 질감 등에 민감하게 반응하며, 타인의 감정을 쉽게 이해하고 공감한다. 또한, 책임감이 강하고 완벽주의적인 성향을 보이는 경우가 많으며, 깊은 사고와 성찰을 중시하여 일상 속에서도 다양한 철학적, 윤리적 질문을 던지고 그에 대해 깊이 고민한다.

하지만 이러한 민감성은 때때로 부담으로 작용할 수 있다. 과도한 자극으로 인해 쉽게 지치거나 스트레스를 받고, 변화에 적응하는 데 어려움을 겪기도 한다. 그리고 완벽주의적인 성향 때문에 스스로를 괴롭히는 경우도 종종 발생한다.

만약 자신이 HSP라면, 우선 자신의 감수성을 이해하고 이를 적절히 관리하는 방법을 배워야 한다. 충분한 휴식과 혼자만의 시간을 통해 피로를 예방하고 스트레스를 해소해야 하며, 자신을 이해하고 지지해 주는 사람들과의 관계를 형성하고 유지하는 것도 중요하다.

'매우 예민한 사람(HSP)'에 대해 알면 알수록, 마치 나를 그대로 드러내는 거울을 마주한 듯한 느낌이 들었다. 외부 자극에 민감해 밖에 오래 머물 수 없는 것, 집에서 조용히 혼자 있는 걸 선호하는 것, 사람들과 함께 있으면 금세 지쳐버리는 것, 완벽주의적인 성향 등 하나하나가 내 얘기였다. 나는 틀림없는 HSP였다. 그 사실을 깨닫자 설명할 수 없는 해방감이 밀려왔는데, 마치 알을 깨고 세상에 첫발을 내딛는 새로운 기분이었다. 나는 성격이 까다로운 게 아니라, 단지 HSP였던 것이다. 나라는 사람은 변함이 없음에도, 내가 바라보는 예전의 나와 지금의 나는 완전히 달라졌음을 느끼며 마음속으로 다짐했다. '이제 더 이상 세상의 틀 안에 들어가려 나를 닦달하지 않으리라. 그리고 너무 터프한 사람들 속에서 주눅 들지 않으리라.'

서로 교제를 생각하지 않을 무렵, 그가 내게 연애나 재혼에 대한 생각은 없는지 물어본 적이 있다. 그래서 "음, 잘 모르겠지만, 만약 누군가를 만나게 된다면 나보다 더 예민한 사람을 만나고 싶어. 그럼 애써 설명하지 않아도 서로를 잘 이해할 수 있을 테니까"라고 답했다. 생각해 보면, 그의 예민성은 나의 예민성을 빠르게 알아봤고, 우리는 둘 다 매우 예민한 사람이었기 때문에 처음부터 서로를 편하다고 느꼈던 게 아닐까?

연애 심리학

66 자신의 약점을 이해하고 서로의 단점을 공유하는 것이 진정한 연애와 사랑의 출발점이 아닐까? 다름을 인정하고 받아들이는 것이 모든 남녀 간의 관계에서 연애와 사랑을 시작할 수 있는 초석이 된다.

토요일 오후 2시

〈기브 앤 테이크〉모임 다음 날, 직장에서 일을 하는데 그에게 연락이 왔다. "언제 따로 한 번 볼래요?" 이번 연락도 의외였다. 왜냐하면, 전날 그에 대한 특별한 기억이 전혀 없었기 때문이다.

나로서는 정말 큰맘을 먹고 평일 모임에 참석했지만, 그건 역시 무리수였다. 퇴근하자마자 열심히 이동했음에도 불구하고 10분 정도 늦었고, 일하느라 에너지는 이미 고갈된 상태였다. 게다가 출퇴근 시간대면 지옥철로 변하는 매우 복잡한 지하철 2호선을 타고 오면서 사람들과 함께 좌로 우로 휩쓸리는 사이, 간신히 붙잡고 있던 손톱만큼의 정신력마저 완전히 빠져나갔다. 독서토론 장소에 앉아만 있었지, 솔직히 내가 한 말도 다른 사람들이 한 말도 하나도 기억나지 않았다.

사실 그 컨디션이라면 얼른 집에 가는 것이 맞았을 것이나, 힘들게 참석한 평일 모임인 만큼 집으로 그냥 돌아가기는 아쉬웠다. 뭐도 좀 먹고 싶고, 사람들과 좀 더 느슨하고 편안한 대화도 나누고 싶었다. 물론 참석자들 중에서 가장 이야기를 나누고 싶은 사람은 그였다. 그래서 뒤풀이 자리에도 참석했다.

일본식 술집이었던 걸로 기억한다. 어묵탕과 약간의 술, 그리고 기억나지 않는 안주들을 먹으면서 정신이 조금씩 맑아졌고, 비로소 웅웅거리던 사람들의 대화 소리가 가까이 들리기 시작했다. 그래서 그제야 그와 따로 더 이야기를 나누고 싶었는데, 집들이 때와는 달리 모두가 함께 대화하는 분위기여서 틈틈이 기회를 노려봤지만 쉽지 않았다.

결국, 한 시간 남짓 신나게 수다를 떨다가 다음날 출근이 걱정되어 어쩔 수 없이 먼저 인사를 하고 무거운 다리를 끌며 자리에서 일어났다. 집으로 가면서 참석자 대부분이 직장인인데 그렇게 늦게까지 놀 수 있는 체력이 대단하다고 느꼈고, 그와 처음 만났던 날처럼 재밌는 얘기를 나누지 못해 서운했다. '언젠가 또 그런 날이 올까?'라고 생각하면서.

이렇듯 전날 서로를 밋밋하게 지나쳤는데 만나자는 연락이 온 건 뜻밖이었다. 그동안 남녀 사이에 친구는 없다는 생각에 괜한

오해를 피하고 싶어 남자 회원과 단둘이 만나는 자리는 되도록 만들지 않았다. 때문에 조금 주춤했지만, 처음 만났던 날의 대화를 떠올리니 나쁘지 않을 것 같았다. 그래서 좋다고, 한번 보자고 했다.

나는 직장인이고 그는 교육생이라 둘 다 평일보다는 주말이 더 편하고, 일요일보다는 토요일이 좋다는 데 의견이 모아졌다. 그러고 나서 선약이 있는 토요일을 피하다 보니 약속이 3주 뒤로 잡혔다. 날짜가 확정되자 그는 나에게 몇 시가 좋을지 물어봤다. 잠시 고민했다.

나는 친하지 않은 사람과의 식사를 극도로 싫어한다. 서로에 대한 정보가 없으니 메뉴와 식당을 정하는 데서부터 소통에 많은 시간과 노력을 들여야 하고, 밥을 먹으면서도 '대화'와 '음식 넘김'을 동시에 신경 써야 한다. 그래서 음식을 제대로 먹지 못하거나, 먹더라도 체하는 경우가 많아 잘 모르는 사람과의 식사는 필사적으로 피하는 편이다. 이런 이유로 일단 점심과 저녁 식사 시간은 패스. 또 늦은 오후로 약속을 잡더라도 대화가 길어지면 저녁 시간이 될 수 있으니, 그것 역시 패스. 그렇게 패스를 두 번 하고 나니 적절한 시간이 명확해졌다. 그래서 나는 그에게 "2시가 좋을 것 같아요"라고 밝게 답했다.

연애 심리학

66   연애의 시작은 작은 관심과 상대방에 대한 배려로 물꼬가 트인다.
처음부터 지나치게 많은 관심보다는, 하나하나 알아가는 관찰자의 자세가
필요하다. 연애는 아마도 편안함에서 비롯되는 것 같다.

여덟 살 차이

약속된 날짜의 토요일 오후 2시, 그는 강남역에서 나를 기다리고 있었다. 약속을 잡을 때는 아직 추운 날씨에 목폴라를 입고 있었던 기억이 나는데, 3주가 흐르자 어느새 4월 중순이라 완연한 봄의 공기가 기분 좋게 코를 스쳤다.

사실 날짜가 많이 남아 있어, 그 사이에 그에게 변수가 생겨 못 보지 않을까 생각했다. 약속 날짜를 너무 일찍 정해 놓았을 때 그런 경우가 많았기 때문이다. 나는 이상할 정도로 약속에 집착하는 편이라 내 쪽에서 약속을 깨는 경우는 거의 없다. 하지만 사람들은 각자 바쁘고 복잡한 삶을 살고 있으므로, 누구에게 언제 어떤 일이 생겨 약속이 깨진다 해도 전혀 이상하지 않다. 그래서 그 날짜에 못 볼 가능성에 대해서도 미리 충분히 생각해 두었던 것이다.

그러나 우리에게는 어떤 변수도 생기지 않아 우리는 3주 전 정한 그 날짜와 시간에 정확히 만났다. 한참 전에 정한 약속을 정확히 지킨 점 덕분에 그도 나만큼 약속을 중요하게 여기는 것 같아 그에 대한 인간적인 호감도가 또 약간 올라갔다.

그의 안내에 따라 카페로 들어가 2층 창가 쪽에 자리를 잡았다. 나는 따뜻한 아메리카노를, 그는 아이스 아메리카노를 주문했다. 오랜만의 대화라 어색할 줄 알았는데, 하고 싶은 말이 많은 그 덕분에 전혀 어색하지 않았다. 가족, 건강 및 운동, 경제 등의 다양한 주제로 조금씩 이야기를 나누다가 심리학으로 주제가 전환되자 역시 이야기가 또 길어졌고, 특히 '마시멜로 실험'에 대한 대화에서 서로 잘 통했다. 마시멜로 실험은 1차, 2차, 3차까지 있는 종단 연구로, 그 설계가 참 흥미롭다.

1차 마시멜로 실험에서 연구자들은 4세 아이들에게 마시멜로 하나를 주고, 15분 동안 먹지 않으면 추가로 하나를 더 주겠다고 제안한 뒤 밖으로 나가 아이들이 어떻게 행동하는지를 관찰했다. 그 결과, 아이들이 마시멜로를 먹지 않고 참는 시간은 평균 3분이었다.

2차 마시멜로 실험은 1차 실험에 참여한 아이들이 14세가 되

예민한 사람들을 위한 **연애 심리학**

었을 때 진행된 후속 조사였다. 1차 실험에서 마시멜로를 더 오랫동안 참은 아이들은 학업 성취도가 더 높고, 약물 남용 및 범죄 행위가 더 적으며, 스트레스에 더 잘 대처하는 등의 긍정적인 특성을 보였다.

3차 마시멜로 실험은 1차 실험에 참여한 사람들이 40세가 되었을 때 진행되었으며, 뇌 스캔을 통해 그들의 뇌 구조와 기능을 분석하였다. 그 결과, 마시멜로를 더 오랫동안 참은 사람들이 전전두피질의 활동이 더 활발하고 해마의 회백질 밀도가 더 높았다. 참고로, 전전두피질은 계획, 의사 결정, 자기 조절 등을 담당하는 뇌 영역이고, 해마는 기억력과 학습을 관장하는 뇌 영역이다.

오랜 세월에 걸쳐 진행된 마시멜로 실험을 통해 우리는 즉각적인 만족을 지연시키는 능력이 인생의 성공에 중요한 역할을 할 수 있음을 알게 되었다.

나와 그는 실험 결과의 해석에 깊이 동의하면서, 미래의 더 큰 만족을 위해 현재의 즉각적인 만족을 지연시킬 줄 알아야 한다고 한참을 떠들었다. 실제로 지금도 그는 자신보다 행동과 결정이 훨씬 느린 나를 잘 참고 기다리며 만족을 지연시키는 행동을 꾸준히 실천하고 있다.

실험 참가자들의 나이가 계속 나와서인지 갑자기 그의 나이가 궁금해졌다. 독서클럽에서는 자기소개를 할 때 이름만 말하고 나이는 밝히지 않는다. 그리고 서로를 부를 때는 이름 뒤에 '님'을 붙여 'OO 님'이라고 부르기 때문에 따로 물어보지 않는 이상 나이를 알 수 없다. 그래서 나는 그의 나이를 그간의 모습들을 통해 그저 나보다 어리겠거니 정도로만 추측하고 있었다.

그런데! 내가 지금 무얼 들은 걸까? 그의 출생연도를 듣고는 정말 깜짝 놀라서 그에게 다시 물었다. "90년대 생이라고? 나하고 여덟 살이나 차이가 난다고? 정말? 진짜?" 많아봐야 서너 살 어릴 줄 알았건만, 무려 여덟 살이나 어리다니! 전혀 예상치 못한 전개였다. 그리고 많이 놀란 내 표정에 그는 친히 신분증을 꺼내 생년월일을 보여주며 거짓이 아님을 증명했다.

여덟 살의 나이차를 알게 되자 그와의 관계 설정에 대한 고민이 생겼다. 친구라고 하기엔 거리감이 느껴졌다. 내가 대학생 신분으로 시청 앞에서 월드컵을 열정적으로 응원하던 그때, 그는 초등학생이었다. 그런 생각이 떠오르자 아찔했고, 정신이 번쩍 들면서 그에 대한 인식이 '대화가 잘 통하는 아는 사람'에서 '대화가 잘 통하는 아는 동생'으로 바뀌었다. 그러면서 자연스럽게 3살 터울의 친남동생이 떠올랐다. 누나 같은 마음으로 그가 조금 어리숙한 행동을 하더라도 허허 웃으며 넘기고, 어린 동생처럼 챙겨주어야겠다는 감정이 스멀스멀 올라왔다.

하지만 함께 시간을 보내면 보낼수록 그가 나보다 한참 어리다는 느낌이 잘 들지 않았다. 내가 미숙한 건지 그가 성숙한 건지 몰라도 어쨌든 그랬다. 우리는 주로 심리학을 매개로 심층적인 대화를 자주 나누었는데, 특히나 그런 대화를 나눌 때만큼은 나이 차이가 전혀 느껴지지 않았다. 굉장히 자유롭게 스스럼없이 소통했고, 때로는 서로에게 조언을 해주기도 했으니 말이다. 그래서 서서히 나는 다시 그를 '대화가 잘 통하는 동년배의 친구'로 여기게 되었다.

연애 심리학

66 약속은 지키라고 있는 것이다. 약속을 지킨다는 것은 상대방에 대한 배려이자 의리를 지키는 행위이다. 약속을 잘 지킨다는 것은 연애의 시작점이 좋다는 의미이며, 서로의 말이 통한다는 것은 함께 연애라는 바닷속 급행열차에 탑승했다는 것을 뜻한다.

빈말
(+ 반전의 속마음)

그와 알아가던 시절엔 운전을 해서 직장에 다니고 있었다. 9시에 출근하고 6시에 퇴근하는 평범한 직장이었지만, 9시까지 출근하는 데에는 커다란 애로사항이 있었다. 평소 50분 이내면 도착할 거리가 출근 시간대에는 막혀도 너무 막혀 1시간 반에서 2시간이나 걸린다는 것이었다. 시간도 시간이지만, 아침부터 운전에 온 신경을 집중해 출근하기도 전에 진이 빠진다는 게 가장 큰 문제였다. 뭘 잘 모르던 입사 초기, 그런 괴로운 경험을 두세 번 겪은 후 나는 집에서의 출발 시간을 대폭 조정하기로 했다. 7시 30분에서 6시 50분으로. 그랬더니 마치 40분의 기적처럼 회사에 7시 40~50분 정도면 도착해서 9시까지 여유 시간이 생겼다. 나는 혼자만의 고요한 그 시간을 참 좋아했고, 책도 읽고 글도 쓰고 가끔 밀린 업무도 보며 알차게 보냈다.

예민한 사람들을 위한 **연애 심리학**

그날도 일찍 도착해 책을 읽고 있는데 그에게서 메시지가 왔다. 우리가 처음 둘이 만나 시간을 보낸 며칠 뒤였다. 일찍 출근해 9시까지 여유롭다는 내 말에, 꽤 오랫동안 메시지를 주고받았다.

그러다 무슨 말끝에 그가 만나고 싶을 때 연락하라고 했다. 나는 정말로 그에게 만나자고 연락할 의향이 있었으나, 그의 말이 인사치레인지 진심인지 구분이 가지 않았다. 물론 나중에 직접 연락해 보면 알 수 있겠지만, 어느 쪽인지 바로 알고 싶었다. 그래서 "만나자고 진짜 연락해도 돼요?"라고 물었고, 이런 질문이 흔하지는 않을 것 같아 "빈말 싫어해서"라는 이유도 덧붙였다. 내 말에 왜인지 그는 ㅋ을 여러 번 써가며(ㅋㅋㅋㅋㅋㅋㅋㅋㅋㅋㅋㅋㅋ 이렇게) 엄청 웃었다. 그리고 나보고 엉뚱하다고 하며 진짜니까 얼마든지 연락하라고 했다. 나는 그 말을 듣고 같이 놀고 싶은 토요일에 부담 없이 연락해도 되겠다는 생각에 약간 들떴다.

+ 반전의 속마음

두 번째 만남이었던 독서모임.
출근 걱정에 너보다 빨리 자리에서 일어났지.

이튿날, 일하느라 바쁜 틈 속에서도
먼저 온 너의 연락은 무척이나 반가웠어.

밀린 스케줄에 3주 뒤로 약속을 잡으며
[그때까지 별 이변 없이 만나지려나?]
라는 의구심을 품긴 했지만-

약속한 그 날짜, 그 시간에 우린 정확히 만났고
너와의 대화는 주변의 소란을 잠재울 만큼 편하고 즐거웠지.

며칠 후 우린 또 톡을 주고받았어.

"만나자고 진짜 먼저 연락해도 돼요?"

만나고 싶으면 연락하라는 너에게 나는 다시 확인했어.

'또 봐요', '언제 밥 한 번 먹어요' 같은 말은
워낙 빈말인 경우가 많으니까,
[빈말을 싫어해서]라는 이유를 덧붙이며 물었지.

너는 문자 너머로까지 전달될 만큼 크게 재밌어하며
진심이라고, 연락하라고 했어.

그리고 얼마 전 알게 된 너의 속마음은,
(더 빨리)
[연락해요] 앞에 저 말이 숨어 있었대.

예민한 사람들을 위한 **연애 심리학**

연애 심리학

❝ 연애 초기에는 내 마음을 상대방에게 들키고 싶지 않다. 하지만, 관심이 있다면 내가 먼저 다가가면 된다. 만약 상대방이 부담스러워한다면, 그때는 다시 한 발짝 물러서면 된다.

밝혀야 할 과거

　나는 지금도 남녀 간에 친구는 없다고 생각하고, 이건 그를 처음 만났던 순간에도 마찬가지였다. '친구로 지내다가 연인으로 발전했어요'처럼 흔한 레퍼토리가 없고, 나 또한 그런 적이 있으니까.

　하지만 취미로 시작한 독서 모임에 2~3년을 꾸준히 참여하면서 그 생각이 조금씩 옅어지기 시작했는데, 다행이라 해야 할지 모르겠지만 모임에 나가는 동안 나에게 연애 감정을 드러낸 남자 회원이 단 한 명도 없었기 때문이다. 그 덕에 잘하면 남자 회원과도 친구가 될 수 있을 것 같았다. 그때 나는 만족스러운 대화 상대가 거의 없어 외로웠기에 여자든 남자든 상관없이 즐겁게 대화할 수 있는 누군가가 절실하기도 했고.

　그러던 중 그를 만났고, 우리는 신기할 정도로 대화가 잘 통했다. 게다가 마침 우리 둘은 나이차가 커 서로를 남녀로 바라볼 가능성이 거의 없어 보였으므로, '어쩌면 그와는 계속 친구로만 잘 지낼 수도 있지 않을까?'라는 희망이 더욱 커졌다. 연애라는 행위는 나에게 부담스러운 짐처럼 느껴졌지만, 마음에 드는 대화 상대는 한 명 한 명이 아쉬웠기 때문에 그가 남자라 해도 좋은 친구로서의 관계를 소중히 이어가고 싶었다.

그렇게 친구를 갈망하며 그와 따로 만나 몇 차례 즐거운 시간을 보내자, 나는 그에게 나의 이혼 사실을 알려야 할 것 같았다. 쓸데없는 생각일 수도 있지만 두 가지가 마음에 걸렸다.

첫 번째는 '이혼한 사람에 대한 그의 시각'이었다. 그가 이혼한 사람에 대해 어떤 판단을 하고 어떤 태도를 취할지 몰라서 더 친해지기 전에 나의 결혼 경력을 알리고 그의 행동 방향을 확인하고 싶었다.

두 번째는 '성별의 다름'이었다. 앞서 언급했듯이 나는 오랫동안 남녀 간에 친구는 없다는 믿음을 가지고 살아왔고, 그럴 가능성이 거의 없더라도 어쨌든 그와 나는 성별이 달라 교제가 가능했다. 그래서 하루라도 빨리 나의 과거를 공개해 그가 나를 이성으로 좋아하지 않도록 선을 긋고 싶었다. 또 설사 그런 감정이 싹튼다 해도, 그에게 왜 그 중요한 사실을 지금까지 숨겼냐는 원망은 듣기 싫었다.

그런 연유로 그와 약속을 잡았다. "할 말이 있는데 주말에 시간 괜찮아요?"라고 일요일 오후에 물으니, 그는 무슨 얘긴지 궁금하다며 다음날 바로 보자고 했다. 나는 월요일 저녁에 만나는 것이 부담스러웠지만 궁금하게 해놓고 기다리라고 하기는 미안해서 알겠다고 했다.

다음날 퇴근 후 피곤함을 잔뜩 안고 약속 장소로 향했다. 그는 북적이는 강남역 O번 출구 근처에 서 있었고, 우리는 대화할 곳을 찾기 위해 골목 양쪽으로 이어진 형형색색의 간판들을 둘러보며 천천히 걸었다. 조용한 곳이면서도 요기도 할 수 있는 곳을 찾다가, 장소를 찾는 데 시간을 낭비하고 싶지 않아 그럭저럭 적당해 보이는 룸 술집으로 발걸음을 옮겼다. 계단을 올라 2층 입구로 들어서자 젊은 남자 직원이 인원수를 확인한 후, 테이블 하나로 꽉 찬 주광색 조명의 아담한 룸으로 안내했다. 우리는 메뉴판을 살펴보며 신중히 요리 하나를 골랐고, 그래도 술집에 왔는데 안 마시긴 서운해 술도 한 병 주문했다.

주문을 마치자 어색한 침묵이 흐르기 시작했다. 그가 아무 말 없이 궁금한 표정으로 나를 쳐다보고 있어 나는 그와 만나고 처음으로 낯섦을 느꼈다. 그래서 나는 "왠지 얘기해야 할 것 같아서 얘기하는 건데…… 나는 결혼을 한 번 했었어"라고 말하며 돌리지 않고 바로 본론으로 들어갔다. 이혼 후 아주 친한 친구 몇 명에게만 내 이혼 사실을 털어놓았던 터라, 이렇게 그리 가

예민한 사람들을 위한 **연애 심리학**

깝지 않은 사람에게 이 이야기를 꺼내는 건 나에게 꽤나 용기가 필요한 일이었다. 엄청난 흠도 아니지만, 나에게 도움이 되는 스펙도 아니기에 군이 먼저 말할 필요는 없다고 생각하던 얘기였다. 그래서 나는 그날 하려던 말의 핵심 내용을 전하자마자 긴장이 풀리고 후련했다. 그의 반응과 상관없이.

그런데 내 말을 들은 그는 정말 아무렇지 않게 그게 뭐 어떠냐면서, 오히려 그걸 왜 꼭 얘기해야 한다고 생각했는지에 대해서 더 궁금해했다. 나는 그가 이혼녀와 어울리는 걸 싫어하는 사람일 수도 있고, 어쨌든 우리는 생물학적으로 남녀 관계이므로 서로 이성으로 볼 가능성을 100% 배제할 수는 없지 않느냐며 솔직하게 말했다.

이에 그는 사람과 친해질 때 상대방의 이혼 여부는 자신에게 전혀 중요하지 않으며, 여태까지 나를 이성이 아닌 친구로 대해 온 것처럼 앞으로도 그럴 것이라고 자신 있게 말했다. 덧붙여 자신이 상담학을 전공했고, 만약 이혼으로 인한 심리적 어려움이 있다면 도와줄 수 있으니 언제든 이야기하라고 했다.

또 그걸로 이미 충분한 대답이었는데, 그날 밤인지 다음날 아침인지 대화가 잘 통하는 나를 알게 되어 기쁘다는 내용으로 장문의 메시지까지 보내왔다. 그 순간, 내 마음은 완전히 녹아내렸고, 앞으로 그와 더 많이 나누게 될 이야기들에 설렜다.

연애 심리학

❝ 모든 연애의 시작은 자신을 솔직하게 보여주는 것이며, 상대방이 어떻게 반응하는가에 따라 모든 상황은 달라진다. 친구에서 연인이 되고, 연인에서 평생의 반려자로 나아간다.

통화 전 루틴

(+ 통화 가능해요?)

그와 3월에 알게 되고, 4월부터 6월까지는 거의 매달 한 번씩 월중 행사로 만났다. 그 기간 동안 전화 통화는 단 한 번만 했던 것 같은데, 그는 할 말이 있으면 톡을 남겼고, 나는 워낙 통화를 싫어하는 사람이라 전화를 걸지 않았다.

통화가 싫은 이유는 분명하다. 대화를 이어가려면 수화기 너머로 들리는 소리에만 집중해야 한다는 게 답답하고, 비언어적 단서가 빠진 대화는 사람을 훨씬 더 피곤하게 만들기 때문이다. 직접 만나서 얘기하면 얼굴 표정이나 제스처를 통해 말하지 않아도 쉽게 알 수 있는 것들이 통화로는 일일이 파악하기 어려워 에너지가 더 많이 쓰이고 금세 피로해진다. 그래서 친목 도모는 주로 대면으로만 한다.

그런데 그와 엄청나게 가까워지지 않았음에도 불구하고 즉흥적으로 통화를 시작해 4시간 이상이나 이어갔던 날이 있다. 아마 6월 중순쯤이었던 걸로 기억한다. 요일은 금요일이었다. 주말을 앞둔 금요일의 퇴근은 당연히 다른 평일보다 마음이 여유로울 수밖에 없고, 집으로 돌아와 세상 편한 옷으로 갈아입고 맛있는 음식을 먹으며 깔깔대면서 금요 예능 프로그램을 보는 게 한 주 동안 고생한 나에게 주는 보상이자 커다란 즐거움이던 시절이었다. 그날도 그 루틴을 충실히 따르려던 찰나, 그에게서 연락이 왔다. "통화 괜찮아요?" 시계를 보니 내가 좋아하는 예능 프로그램이 시작하려면 1시간 이상 남아 있었고, 딱히 할 일도 없던 터라 괜찮다고 했다.

　"여보세요"로 시작된 통화는 예능 프로그램의 시작 시간을 훌쩍 넘어, 하루가 바뀌고 나서까지도 한참이나 계속되었다. 여느 때와 달리 어릴 적의 추억, 요즘의 일상, 연애관 같은 가벼운 소재의 대화가 계속 이어졌고, 특별히 기억나는 내용은 없지만 재밌었다는 감정에 대한 기억만은 아직까지도 선명하게 남아 있다. 길었던 통화는 그의 휴대폰 배터리가 바닥나서야 끝이 났으며, 그제야 4시간이라고 찍힌 통화시간을 본 나는 어마어마하게 놀랐다.

　그날 이후 우리는 좀 더 자주 통화하게 되었고, 연애를 시작해서는 매일 통화를 했다. 통화라면 여전히 질색인 내가 그와의 통화만은 계속 좋았다는 게 신기한데, 전화를 걸기 전 항상 "통화 괜찮아요?"라고 먼저 메시지를 보내 내 의사를 미리 확인해 준 것이 큰 도움이 되었던 것 같다. 또 그는 내가 여러 가지 이유로 통화가 어렵다고 할 때마다 잘 이해해 줘서, 나는 거절하는 상황에서도 마음이 편안했다.

+ 통화 가능해요?

왜인지는 모르겠지만
우린 통화가 하고 싶을 때마다 서로에게 먼저 톡으로 물어봤어.

"통화 가능해요?"

- 그래요~
- 네, 잠깐 가능해요~

바로 목소리를 듣기도 했고,

- 지금은 어려워요 ㅠㅠ ○○에 다시 연락할게요~
- 오늘은 피곤해서 안 될 것 같아요. ㅠㅠ

통화를 못 하기도 했고,

- ○○ 분만 있다 전화할래요?

하던 일을 마무리한 후 편하게 이야기를 나누기도 했고,

- 톡 지금 봤어요; 뭐해요?

한참 뒤에 확인하고 답을 하기도 했지.

이 패턴은 지금까지도 이어지고 있는데
갑작스러운 전화에 부담을 느끼는 나는
이런 방식이 참 좋아.

통화에 대해 생각하니까
전화하는 걸 안 좋아한다고 말해놓고
두 번째 통화를 4시간이나 했던 것도 기억나.

네 휴대폰의 배터리가 남아있었다면
아마 더 길어졌을지도 모르지.

내가?
통화 4시간을?
별로 안 친한 남자 사람하고?

생소한 경험을 했지만, 즐거운 추억이야.

이제는 내가 가끔 혼자 여행을 떠날 때만
통화를 오래 하게 되는데
옛날의 풋풋함이 떠올라서 생각보다 좋더라.

지금도 통화는 '꼭 필요한 경우'에 '용건만 간단히' 하는 편이지만,
가끔씩 너와의 긴 통화만은 좋아졌어.

예민한 사람들을 위한 연애 심리학

그

잠깐통화할래요?

오후 6:09

그래요~

오후 6:09

연애 심리학

66 자신이 세운 모든 루틴은 관심 있는 사람 앞에서는 예외가 된다. 그때는 몰랐지만, 시간이 흐르고 나면 그것이 바로 연애의 시작점이었음을 깨닫는다.

08

어른의 성장 프로젝트

나는 예전부터 진지한 주제로 심도 있는 대화를 나누는 걸 좋아했다. 생각의 핑퐁이 이리저리 튀는 깊이 있는 대화는 에너지를 많이 소모하지만, 그만큼 즐거움도 크다. 그와의 대화가 딱 그랬다. 그와 나누는 대화는 항상 진지하면서도 재미있어 만족스러웠다. 오예! 드디어 찾았다, 내 대화 상대자!

여러 번의 대화를 통해 나는 그의 인생관과 삶의 태도를 자연스럽게 알게 되었다. 그는 인간관계에 대한 상식선이 바르고, 모든 인간을 발전 가능한 존재로 바라보았다. 또한, 성장하고자 하는 강한 의지와 실천력을 갖고 있었다. 한 마디로 그는 예쁜 내면을 지닌 사람이었다. 그러나 정작 자신은 그 사실을 몰라서 전혀 활용하지 못하고 있으니, 이 얼마나 안타까운 일인가.

평소의 나라면 그저 지나쳤을 일이었지만, 이상하게 그때만큼은 불현듯 무언가 하고 싶다는 마음이 들었다. 때마침 그때 하고 있던 일에서 권태를 느끼고 있었고, 즐거운 대화에 대한 보답으로 내가 할 수 있는 도움을 주고 싶은 마음이 몽글몽글 조금씩 커져가고 있었다. 그와의 만남과 대화가 쌓일수록 그를 더 좋은 사람으로 만들어 주고 싶어졌다. 그리하여 머지않아 머릿속에서만 고민하던 〈어른의 성장 프로젝트〉를 실행에 옮기기로 결심했다. 그래, 내가 할 수 있는 것들을 해보자. 나름의 비장함이 담긴 결심이었다.

나는 특별한 도움이 필요한 아이들을 교육하고 성장시키는 일을 한다. 경험상 '앞에서 가르치는 선생님'보다 '옆에서 지지해주는 조력자'의 역할을 할 때, 아이들은 훨씬 더 눈부신 성장을 이루었다. 어른이라고 해서 뭐 크게 다르겠는가. 칭찬받고 인정받고 싶은 내면의 욕구는 똑같이 가지고 있을 진데.

아이들의 성장을 바라보는 건 분명 보람되고 그만의 매력이 있지만, 고차원적인 생각을 나누기에는 명백한 한계가 있다. 그래서 나는 실험적으로 어른의 성장 프로젝트에 도전해 보고 싶다는 막연한 생각을 꽤 오래전부터 품고 있었다. 그동안 일을 하며 몸에 익힌 인본주의적인 태도를 기본으로, 심리학과 상담학 책에서 배운 내용을 더해 적용해 보면 성과를 낼 수 있을지 궁금했다. 또 내부에 성장 잠재력과 성장하고자 하는 동기를 이미 가지고 있는 대상과 질 높은 대화를 나누며 그가 성장해 가는 모습을 보고 싶었다. 내 입장에서는 재능 기부 겸 자아 실현의 과정이고, 그에게도 딱히 나쁠 건 없어 보였다. 만약 잘 된다면 서로 윈-윈일 것이었다.

〈어른의 성장 프로젝트〉라는 다소 거창한 이름이 붙었지만, 이후 내가 의식적으로 조절한 태도 규칙은 그 이름이 무색할 정도로 정말 단순했다.

첫 번째 규칙은, 경청하기. 그의 이야기를 집중해서 들으며 고개를 끄덕이는 등의 비언어적 신호로 내가 잘 듣고 있음을 전달했다. 그리고 그가 말할 때 부적절하게 끼어들지 않고, 꼭 필요한 경우에만 간단하게 말했다.

두 번째 규칙은, 부정적인 반응 안 하기. "그건 아니지" 또는 "아닌데"와 같은 부정어를 사용하지 않는 것이 중요했다. 대신 "~라고는 생각해 본 적이 있어?" 내지는 "~할 수도 있지 않을까?"와 같은 질문을 통해 그가 스스로 생각을 다시 정리할 수 있도록 유도했다.

세 번째 규칙은, 응원하기. 그가 "~이 하고 싶어"라고 말할 때, "하고 싶으면 하면 되지" 혹은 "그럼 해 봐", "해보면 배우는 게 많지"라고 호응하며 그에게 힘을 실어주었다.

우리는 원래 한 달에 한 번씩 만났다. 하지만 그는 모르는 나만의 프로젝트가 순조롭게 진행되면서, 우리의 만남은 야금야금 일주일에 한 번으로 늘어났다. 그는 만날수록 점점 더 안정된 태도를 보였는데, 마치 도약을 위한 심리적, 정신적 준비가 차차 완성되어 가는 듯했다. 그 자체로도 엄청난 성장이었기에 그런 그를 보면서 흐뭇했다. 그는 '동기-마음 준비-계획-실행-결과 도출' 과정 중 '마음 준비' 단계를 차곡차곡 밟아가고 있었다. 서로에 대한 정보가 누적되면서 대화는 이전보다 훨씬 편안해졌고, 그러면서도 여전히 즐거웠다. 아마 그는 나와의 이런 시간들 덕분에 내가 자신의 인생에 도움이 될 거라 믿고, 고백을 결심하게 된 게 아닐까?

프로젝트를 실행한 이후 4년이 지나,『만일 내가 인생을 다시 산다면』이라는 책에서 그 시절의 내 행동을 되돌아보게 하는 '구원 환상'이라는 흥미로운 개념을 접했다.

구원 환상은 단순히 타인을 구하고자 하는 욕망을 넘어, 자신의 고통스러운 현실에서 벗어나고자 하는 욕망과 깊이 연결되어 있다. 즉, 자신을 구원해 줄 누군가를 찾는 대신, 다른 사람을 구원함으로써 간접적으로 자신의 구원 욕구를 충족시키려는 심리적 메커니즘이 작용하는 것이다. 이러한 구원 환상은 사랑하는 이들 사이에서 더욱 뚜렷하게 나타날 수 있다.

사랑은 과거의 상처를 극복하고 성장을 이끌어내는 강력한 힘을 지니고 있다. 누군가가 나를 진심으로 좋아하고 받아들여 준다는 사실은 '나는 괜찮은 사람이다'라는 긍정적인 확신을 심어주며, 자존감을 한층 높여준다.

사랑하는 사람을 위한 헌신적인 사랑은 그 자체로 아름답고 값진 감정이다. 하지만 그 사랑이 상대방을 치유하거나 구원하려는 의도로 표현되어서는 안 된다. 사랑하는 사람을 구원하려는 시도는 오히려 관계에 부담을 줄 수 있기 때문이다. 그러므로 사랑하는 이를 위해 우리가 할 수 있는 최선의 방법은 그저 그들을 있는 그대로 받아들이고 존중하며, 그들을 사랑한다는 마음을 진솔하게 전하는 것이다, 또한 그들이 스스로 문제를 해결할 때까지 따뜻하게 곁에서 지지해 주는 것이 중요하다.

그때를 되돌아보면 '구원 환상'이었을 것도 같다. 나는 이혼 후 마음 한구석이 고장 나 있었다. 이혼 전보다 더 오랜 시간 자신을 돌보고, 더 자주 가고 싶은 곳에 가고, 더 많이 하고 싶은 것을 하고, 더 열정적으로 일에 몰두했지만, 그래서 타인의 눈에는 내가 너무나도 잘 살아가는 것처럼 비쳤겠지만, 사실 내 마음속의 고장 난 검은 점은 분명히 조금씩 커져가고 있었다.

항상 나와 잘 맞지 않는 아무나하고 살 순 없으니까 혼자여도 괜찮다며 고개를 끄덕였으나, 그건 반은 맞고 반은 틀린 얘기였다. 실은, '나는 정말 평생 아무도 마음에 못 들이게 될까?', '나와 한 공간에서 잘 지낼 수 있는 남자가 정말 이 세상에 단 한 명도 없을까?'에 대해 생각했고, 그럴 때마다 스스로 부정적이고도 현실적인 답을 내고서 쓸쓸했다.

그러니까 그때 나는 솔직히 누군가에게 구원받고 싶었던 것이 맞고, 그 방법을 몰라서 반대로 누군가를 구원하려는 길을 택했을 것이다. 당시 앞서 말한 책은 안 읽었지만, 언어재활사로 일하며 [수용]과 [기다림]의 힘을 경험으로 체득한 상태였다. 다행이었다. 그 덕분에 옳은 방향으로 갈 수 있었고, 그가 성장하는 동안 나는 심적인 평온을 얻었다. 난생처음 누군가를 위해 먼저 무언가를 해봐야겠다는 마음으로 시작한 관계는, 결과적으로 나를 구원했다.

연애 심리학

66 대화가 잘 통하는 사람을 만나는 것은 큰 복이다. 그 중에서도 내 이야기를 귀 기울여 들어주는 사람을 만나는 것은 더할 나위 없는 축복이다. 연인 간의 깊은 대화는 서로를 이해하기 위한 첫걸음이 된다. 대화를 하며 서로를 이해하고 알아가는 것이다. 또, 그러한 과정이 쌓여야만 신뢰와 믿음이 싹튼다.

무작정 다녀온 여행

사실 그와는 사귀기 전에 여행을 먼저 다녀왔다. 그와 자주 연락하며 거의 매주 토요일마다 만나던 시기는 휴가가 다가오고 있는 무더운 여름이었다. 나는 여행을 참 좋아하지만, 함께 갈 사람을 찾기란 해가 갈수록 점점 더 하늘의 별 따기였다. 아마 직장인이라면 다들 공감할 것이다. 친구와 여행 날짜를 맞추는 게 얼마나 어려운 일인지.

마침 그때 그는 일을 안 하고 있었고 나에게 호의적이었기 때문에 함께 여행을 가자고 제안하기에 매우 적합한 상대였다. 다만 딱 한 가지, 남자라는 점만 빼면 말이다. 내가 남녀 사이의 관계에 대해 그다지 관대한 편이 아니라는 것과 더불어, 사회적 시선에서도 남자와 여자가 단둘이 여행을 간다면 단순한 친구 사이로 보지 않을 것이라는 점이 고민이 됐다.

예민한 사람들을 위한 **연애 심리학**

하지만 내적으로 가장 신경 쓰였던 건, '스킨십'이었다. 나는 그에게 인간적인 매력을 느끼고 있어 즐겁게 대화를 나누다가 막차 시간에 쫓겨 헤어져야 하는 게 늘 아쉬웠다. 그래서 여행을 가면 막차 시간에 신경 쓰지 않고 여유롭게 대화를 오래 나눌 수 있을 것 같아 좋겠다고 생각했다. 그렇지만 딱 거기까지일 뿐, 그 이상의 감정, 즉 남녀 간의 진한 스킨십에 대한 마음은 전혀 없었다. 그런데 여행을 가자고 먼저 제안한다면, 그런 스킨십까지 포함한 개념으로 받아들여질까 고민이 됐다.

그러나 하고 싶은 것은 꼭 해야 직성이 풀리는지라, 나는 결국 휴가를 2주 정도 앞두고 그에게 1박 2일 여행을 제안하고야 말았다. 그리고 그날 그와 여행에 대해 이야기를 나누면서 '이 여행, 괜찮을 수도 있겠는데?'라는 쪽으로 마음이 기울게 되었다.

첫 번째 안심 포인트. 그에게 여행 이야기를 꺼낸 그날은 그와 점심을 먹고 영화를 보기로 한 날이었다. 식당에서 점심을 먹을 때 틀어져 있던 TV 프로그램에서 부산이 나왔고, 그 모습이 무척 매력적으로 보였다. 또, 갈 때마다 좋은 기억을 많이 안고 돌아왔기에 여름의 부산을 유난히 좋아하기도 했다. 그래서 의식의 흐름대로 처음엔 무려 부산을 가자고 제안했다. 이 얘기를 상영관 안으로 들어가기 전에 했는데, 영화를 보고 나와서 그는 '부산'은 어려울 것 같다고 말했다.

그런가 보다 하며 저녁을 먹으면서, 그럼 좀 더 가까운 곳은 어떠냐고 그에게 다시 물었다. 비용 이야기를 하면서 부산까지 교통비(KTX 왕복 비용)만 12만 원이 든다고 말한 게 그의 선택에 결정적인 영향을 미쳤을 것 같았기 때문이다. 생각해 보니 자금 사정이 어려운 그에게는 '여행' 자체보다 '여행 비용'에 대한 부담이 더 클 것 같았다. 그래서 적당히 '가평' 정도로 물었더니, 원하던 OK 답변이 돌아왔다. 나와 하룻밤을 자고 오는 것보다 비용을 더 고려하는 사람이라 오히려 안심이 되었다. '이 여행, 괜찮을 수도 있겠는데?'

두 번째 안심 포인트. 함께 여행을 가기로 결정하고 정류장에서 내 버스를 같이 기다려 주던 그는 사뭇 진지한 얼굴로 자기도 남잔데 1박 2일로 같이 여행 가는 게 괜찮겠냐고, 자신을 믿느냐고 물었고, 나는 솔직하게 답해주었다. "100% 믿는 건 아니지만 궁금해"라고. 다만, 나는 사귀지도 않는 사이에서 그런 일이 벌어지는 건 원치 않고, 만약 그런 일이 생긴다면 우리가 더 이상 만나는 일은 없을 거라고 말했다. 그리고 객관적으로 내가 힘이 훨씬 약한 건 사실이니까, 내가 원하지 않는 상황이 벌어져도 막을 수 있을 거란 생각은 들지 않지만, 여행을 가서도 지금처럼 함께 있는 시간이, 함께 나누는 대화가 내내 즐거울 수 있을까가 너무 궁금해서 가보고 싶다고 했다.

정말이었다. 나는 본능을 통제하지 못하는 남자는 싫었고, 나에게 그런 행동을 한다면 다른 사람에게도 충분히 그럴 것 같아, 만약 연인이 된다 해도 그를 믿지 못할 것 같았다. 또 그런 일이 벌어진 상태에서 계속 친구로 지내는 건 말이 안 된다고 생각했다. 그는 나의 대답을 아주 진지하게 경청했고, 그 모습을 보며 마음이 편해졌다. '이 여행, 괜찮을 수도 있겠는데?'

시간이 흘러 여행 전날이 되었다. 그런 관계로 남자와 단둘이 떠나는 여행은 처음이라, 괜찮다고 마인드컨트롤을 해봐도 싱숭생숭한 마음이 드는 건 어쩔 수 없었다. 그래서 버스표를 예매해 놨다는 그의 메시지에 내가 더 준비해 갈 건 없냐는 시답잖은 답장을 보냈는데, 금세 '즐거운 마음'이라는 답이 돌아왔다. 마음을 놓이게 하는 경쾌한 답이었다. 덕분에 무거운 마음을 내려놓은 채 정말 즐거운 마음으로 잠이 들었고, 기분 좋게 여행을 떠날 수 있었다.

아침에 버스터미널에서 만나자마자 예정에 없던 아침을 먹었다. 도착해서는 점심으로 잣 닭갈비를 먹고, 마트에서 장을 본 다음, 투썸 플레이스 카페에 가서 커피를 마셨다. 마침 기프티콘이 있어 약간의 돈만 보태 그가 고른 판 케이크도 하나 포장했다. 그런데 그가 그 케이크를 그렇게 좋아했을 줄이야! 나중에 그가 말하길, 여행에서 먹다가 남은 케이크를 집에까지 가져가서 먹은 게 그때의 여행에서 제일 좋았다고 했다. 나는 케이크를 별로 안 좋아해서 안 먹은 것뿐인데, 내가 기프티콘을 쓰고도 케이크를 얼마 먹지 않아서 너무 좋았다고. 이 정도면 세상에서 가장 안전한 남자가 맞을지도 모르겠다.

마트 근처에서 우리를 데리러 온 펜션 차량을 타고 숙소에 도착해서는 영화를 봤다. 내가 보고 싶다고 해서 선택한 슬픈 영화였지만, 정작 나는 눈물이 나지 않았다. 반면 그는 화장실에 가서 눈물을 훔치고 돌아와 나를 당황하게 했다. 영화가 끝나자 소화가 다 되진 않았으나 대충 저녁 시간이라 또 먹을 준비를 했다. 그가 파스타를 만들어주기로 해서 나는 소파에 누워 빈둥거리며 기다렸다. 이내 파스타가 완성되었고, 여행 전에 그가 미리 사 둔 내가 좋아하는 와인을 꺼내 함께 먹다가 디저트로 카페에서 사 온 케이크를 식탁에 올려 사진을 찍으며 추억으로 남겼다. 또, 우리는 시간에 쫓기지 않고 많은 이야기를 나누었다.

어느덧 밤이 깊었다. 평소에 잠을 잘 못 잔다는 그에게 침대가 있는 복층을 양보하고, 나는 1층 소파에서 예능 프로그램을 보다가 잠이 들었다. 그런데 나에게 한 얘기와는 달리, 그가 너무 잘 자서 '불면증은 거짓말인가?'라는 생각이 들었다. 나중에 물어보니, 집에서는 진짜 편하게 잔 날이 없는데 그때 여행에서는 이상하게 꿀잠을 잤다고 했다.

예민한 사람들을 위한 **연애 심리학**

그와는 달리 나는 잠자리가 바뀌어서 잘 자지 못했고, 자다가 허리가 아파 결국 아침에 그가 있는 침대로 올라갔다. 그리고 우리는 아무렇지 않게 잠깐 같이 누워있었다. 정말 아무 일도 없이 건전했다. 그래서 나는 우리가 사귀고 한참 지난 뒤에 그가 사실 그 여행에 콘돔을 챙겨갔었다고 말했을 때 적잖이 놀랐다. 그는 혹시 몰라 챙겨갔지만, 내가 전혀 그런 섹슈얼적인 분위기를 원하지 않는 것 같아 그냥 가방에 고이 두었다고 했다. 정말 평온하게 누워 있었던 터라 상상도 못했던 일이었다.

　누워있다가 그가 먼저 내려가 해장라면을 끓여주었다. 얼큰한 국물이 들어가니 전날 마신 술로 불편했던 속이 금세 가라앉았다. 그는 케이크 러버답게 아침에도 케이크를 먹었다. 체크아웃을 하고 서울로 돌아오며 잠이 부족했던 나는 얼른 집에 가서 쉴 생각을 하고 있었는데, 그는 저녁까지 더 놀고 싶어 했다. 정말로 피곤해서 몇 번 거절했지만, 마치 주인에게 놀이를 거절당한 풀 죽은 강아지 마냥 그가 너무 시무룩해 보여 결국 같이 더 놀기로 했다. 그래서 내가 사는 동네에서 한참을 더 놀다가 헤어졌다.

　특별한 일정이 없었음에도 불구하고, 우리는 먹고 대화하며 노느라 바쁘고 분주했다. 걱정할 순간이 하나도 없었던, 너무 즐겁고 편안한 여행이었다. 그 결과 여행이 끝난 후, 그는 좋은 사람이라는 판단이 더욱 확고해졌고, 더 오래 만나고 싶다는 마음이 커졌다. '친구로도 좋을 것 같다'라고 당시에는 진심으로 생각했다.

연애 심리학

❝ 자신의 믿음이 현실에서 이루어지면, 세상을 다 얻은 느낌이 들 것이다. 한번 아픔을 겪은 이에게 가장 중요한 것은 무엇보다도 믿음이다. 모든 관계의 시작, 연애의 시작, 사랑의 시작은 믿음에서 비롯된다. 이 믿음이 관계, 연애, 사랑의 불씨가 되어, 서로를 더욱 깊이 연결해준다.

10

고백 전 일주일

그날은 식빵 맛집도 가고 바람도 쐴 겸 그와 함께 일산으로 놀러 갔던 날이었다. 저녁까지 놀다가 집으로 가는 버스를 타고 오는 길에 그가 즉흥적으로 내가 사는 동네까지 바래다주겠다고 했다. 이왕 왔으니 동네 술집에도 잠깐 들렀는데, 거기서 나눈 대화 내용이 이전과는 뭔가 달랐다. 마치 고백을 예고하는듯한 분위기였달까. 궁금했지만 늦은 시간이라 오래 있을 수는 없었고, "다음 주에 또 만나요"라고 평소처럼 인사하며 헤어졌다.

그런 분위기를 감지했기에 한 주간 마음이 어수선했다. 그동안의 남녀관계 경험은 나에게 아무나 만나느니 아무도 안 만나는 게 낫다는 것을 충분히 가르쳐 주었다. 만나면서 배우려는 태도도 틀린 건 아니지만, 어느 정도 자신에 대한 정보가 쌓였다면 자신과 타인을 위해 더욱 신중하게 만남을 가져야 하는 것이 맞고, 그 까닭에 나는 이혼 후 10년 정도 솔로로 지냈다. 이런 나에게 어떤 사람이라면 연애를 해도 괜찮겠다는 생각이 들까?

일단 내가 절대 사귈 수 없는 사람에 대해 고민해 보았다. 나는 내가 싫어하는 행동을 반복적으로 하는 사람과는 절대 사귈수 없다. '좋음'의 감정보다 '싫음'의 감정에 훨씬 더 예민해서, 싫은 행동이 몇 번 반복되면 나도 놀랄 정도로 애정이 정말 싸늘하게 식어버린다. 그간의 인생 경험으로 타인을 억지로 변화시키는 건 거의 불가능에 가깝다는 것을 알고, 굳이 나를 위해 억지로 누군가에게 내 뜻을 강요하고 싶지도 않다. 그저 원래 그런 사람을 만나야 하는 것이다. 그래서 내가 절대 사귈 수 없는 사람에 그가 포함되는지 하나씩 살펴보았다.

먼저, 생활습관.

담배를 피우는 사람은 안 된다. 나는 담배 냄새를 극도로 싫어하고, 그 냄새와 연기를 맡으면 즉각적으로 신체화 증상이 나타난다. 머리가 아프고, 눈이 따갑고, 목이 칼칼해진다.

청결하지 않은 사람은 안 된다. 나는 약한 정도의 오염 강박이 있다. 특히 손 씻기에 예민한 편인데, 화장실에 다녀올 때 손을 안 씻는 사람을 유난히 싫어한다. 여담이지만, 그와 둘이 처음 만났을 때 그가 카페 화장실에 비누가 없는 것에 대해 불만을 토로해서 호감이 올라갔다. 또 옷을 센스 있게 잘 입진 않아도 되지만, 깨끗하게 세탁이 된 옷을 입어야 하고, 머리도 기름지지 않게 잘 관리되어 있어야 한다.

다음은, 경제.

데이트 비용을 비슷하게 나눌 수 없는 사람은 안 된다. 만약 내가 돈이 아주 많거나, 돈을 아주 많이 벌고 있거나, 미래에 그럴 가능성이 높은 직업에 종사하고 있다면 기꺼이 데이트 비용을 전부 부담할 수도 있을 것 같다. 하지만 나는 평범한 직장인이고, 누군가를 많이 챙겨줄 만큼의 수입은 아니다. 때문에 더치페이는 괜찮지만, 내가 훨씬 더 많은 비용을 부담해야 한다면 현실적으로 힘들 것 같다.

그다음은, 행동.

약속을 쉽게 어기는 사람은 안 된다. 나는 약속에 대해 매우 예민한 편이다. 피치 못할 사정이 생겼을 때 일단 이해하려고 노력은 하지만, 그런 일이 몇 번 반복되면 신뢰가 완전히 무너져버린다. 약속을 잡았다가 갑자기 파투 내는 사람, 시간 약속을 지키지 않는 사람(습관적으로 1~2분 늦는 경우도 포함), 말한 것을 기억하지 못하고 지키지 않는 사람 모두 싫다.

정제된 예의가 없는 사람은 안 된다. 친해졌다고 해서 과하게 말과 행동이 편해지는 사람은 딱 질색이다. 아무리 친밀해져도 기본적인 경계는 지켜야 하고, 최소한의 상식은 갖추고 행동해야 한다.

폭력성이 있는 사람은 안 된다. 나는 폭력성을 느끼는 역치가 매우 낮은 편이다. 물리적 폭력은 말할 것도 없고, 비속어, 신경질적인 말투, 짜증 내는 말투, 심지어 너무 큰 목소리에서도 폭력성을 감지한다. 갈등이 발생했을 때 회피하거나 수동 공격을 하는 태도도 참을 수 없다.

여자와 단둘이 만나는 사람은 안 된다(나와 가족은 제외). 나는 원래도 남녀 사이에 친구가 없다고 생각하는 사람이었는데, 이런 고민을 하면서 그 생각이 더욱 확고해져버렸다. 사적인 만남은 물론이고, 일적인 만남도 가능하면 피했으면 좋겠다.

마지막으로, 가치관/성향.

나와의 시간, 나와의 대화가 우선순위가 아닌 사람은 안 된다. 이건 무조건 내 말대로 하라는 뜻이 아니라, 어떤 결정을 내릴 때 나를 항상 염두에 두고 가능하면 나와 상의해서 결정해 주기를 바란다는 뜻이다. 큰 화는 '이 정도는 괜찮겠지?'라고 판단하는 사소한 틈에서부터 시작된다고 생각한다.

활동적인 데이트를 선호하는 사람은 안 된다. 나는 집에서 나가는 순간부터 귀가하는 순간까지 밖에 있다는 것만으로도 기가 빨리는 느낌을 많이 받는 사람이다. 조용한 곳에서의 정적인 데이트가 나에게는 더 어울린다.

정말 최소한의 것만 적어놓은, 연애 상대의 기초선과 같은 내용이지만, 여태껏 내가 본 그의 모습 중에는 여기에 해당하는 부분이 없었다. 그래서 연애에 대해 좀 더 긍정적인 시각으로 바라보게 되었다.

연애 심리학

66 연애도, 사랑도 모두 나를 중심으로 돌아가는 것이 바람직하다. 나는 이 세상에서 가장 중요하며, 나만의 소우주이다. 먼저 나 자신을 잘 알고, 나와 맞는 사람을 찾는 것이 모든 만남의 시작이다. 만약 내가 싫어하는 것을 하지 않는 사람을 찾았다면, 그 사람과의 연애에 대해 긍정적인 시각을 가질 수 있을 것이다.

연애를 시작하는 조건

"우리 사귀어요."

"나는 여자친구보다 친구로 만날 때가 더 좋은 사람일 텐데……"

"사귀지 않고 이대로 계속 만나는 건 어려울 것 같아요."

고백의 분위기를 감지하고 일주일이 흘렀다. 그리고 우리가 자주 찾던 아늑한 카페에서 그는 예상대로 고백을 해왔다.

마음이 긍정적 방향으로 기울고 있는 건 맞지만, 아직 흔쾌히 좋다고 하기엔 뭔가 꺼림칙했다. 아마도 그건 나와 그의 현실적인 상황 때문이었을 것이다. 우리는 연애를 생각하기엔 적지 않은 나이였지만, 그렇다고 결혼을 생각하자니 머리가 아팠다.

'까짓것 결혼은 미래의 일일 테니 일단 눈앞에 있는 연애에 집 중해 볼까? 만약 연애만 한다면 아무런 문제가 없을까?' 싶다가 도, '요즘 아무리 연상연하 커플이 많아졌다고 해도 여자가 남자 보다 여덟 살이나 많은 경우는 드물고, 이혼녀와 미혼남이 만나 는 경우도 흔치 않을 텐데, 우리는 그 둘 다인 희귀한 상황이지 않은가. 게다가 나는 퇴사를 계획 중인 직장인이고 그는 아직 취 업 준비 중이라 경제적인 상황도 좋지 않은데, 이 연애가 서로에 게 긍정적인 영향을 미칠 수 있을까?'라는 의문이 머릿속을 맴 돌았다. 선택의 기로에 선 그 순간, 연애에 대한 고민은 더욱 신 중해졌다.

결국, 머릿속 가득한 걱정을 떨치지 못한 채 나는 그에게 왜 나와 사귀려 하는지 물었다. 그러자 그는 주저함 없이 내가 자신 의 인생에 도움이 될 것 같아서라고 대답했다. 그런 이유라면 친 구로 지내는 것만으로도 충분하지 않느냐고 반문했지만, 그는 그걸로는 부족하다고 했다. 그러면서 나와 더 가깝고 친밀한 관 계가 되고 싶다고 말했다.

"흠……"

내가 대답에 조금 뜸을 들이자, 그는 "사귀어보고 아니다 싶으 면 그때 헤어져 줄게요"라고 덧붙였다. 그리고 그 말을 듣고 나는 결정을 굳혔다, 일단 사귀어보기로.

내가 어떤 이유로 무언가를 망설일 때마다 그는 늘 내 마음을 편안하게 해주는 특별한 재주가 있는 것 같다. 남들에게는 다소 이상하게 들릴지 모르지만, 그의 "사귀어보고 아니다 싶으면 그때 헤어져 줄게요"라는 말은 내 마음속의 심란함을 씻어내고, 진정으로 감정을 편안하게 만들어 주었다. 덕분에 나는 한결 홀가분한 마음으로 그와의 만남을 받아들일 수 있었다.

연애 심리학

66 연애의 시작은 용기를 먼저 낸 한 사람의 솔직한 고백에서 출발한다. 그리고 그 고백을 담백하게 받고 손을 잡아주는 또 다른 한 사람의 마음이 더해지면 관계가 시작된다. 두 사람이 하나의 마음으로 연결되기 위해서는 누군가의 용기가 반드시 필요하다.

PART

2

예민한 사람들의
연애

사고의 연속

연애를 시작할 즈음, 나는 하필 업무 강도가 지나치게 높고 집에서 먼 직장에서 근무하고 있었다. 규모가 큰 기관의 팀장으로서 팀원 관리와 다양한 사업 진행 등 챙겨야 할 일이 산더미처럼 쌓여 있었고, 출퇴근 시간은 왕복 3~4시간에 달했다. 그래서 출근하는 날에는 회사에 있는 동안 에너지가 완전히 소진되어 퇴근 후 집에 돌아오면 맥이 탁 풀렸다. 그래도 그냥 자기는 서운해서 매일 잠들기 전 그와 잠깐이라도 통화를 하곤 했지만, 유난히 피곤한 날에는 그럴 힘조차 없어 그에게 양해를 구하고 속상한 마음으로 잠자리에 드는 날도 있었다.

이런 상황이었으니 평일 데이트를 한다는 생각은 아예 내 머릿속에 없었다. 그리고 그 또한 당연히 그럴 거라 예상했다. 왜냐하면, 연애 이전에는 주말 중 하루만 만나도 만족스러웠고,

서로를 알아가기 시작할 무렵 그가 나에게 자신은 개인 시간을 매우 중요하게 여긴다고 말한 적이 있었으며, 당시 내가 얼마나 피곤한 직장 생활을 하고 있는지 그도 잘 알고 있었기 때문이다. 또 몇 개월 후면 퇴사할 예정이었기에 그때까지는 조금 덜 만나고, 이후에 더 자주 만나기를 바라는 마음을 혼자서 품고 있었다.

하지만 연애를 시작한 지 보름 정도 되었을 때, 데이트 횟수에 대한 그의 생각이 나와는 다르다는 것을 알게 되었다. 그때 그는 진로에 대해 고민하고 있었고, 주로 집에 머물러서 나보다 시간적인 여유가 많았다. 그래서 평일에도 나를 더 자주 만나고 싶으며 여자친구가 있음에도 불구하고 자주 만나지 못해 외로움을 느낀다고 말했다. 나는 그의 진솔한 마음을 알게 되자 어떻게 해야 할지 고민에 빠졌다. 그리고 그 고민을 일기로 적어내며 그의 감정에 공감하게 되었다.

〈일상을 수정하는 것〉

분명 걱정했던 부분 중 하나인데, 어쩐지 너무 무시하게 되었던 것 같은.

새로운 관계를 시작했고,
중요한 사람이 늘었고,

예민한 사람들을 위한 연애 심리학

이전의 생활패턴을 유지하고 싶어 하는 건 내 욕심일 수 있고,

왜 막연하게 이해할 거라 생각했는지는 모르겠지만,
"수정이 필요하다면 그렇게 하는 게 맞는 거겠지."

결국, 무리라는 생각이 들면서도 데이트 횟수를 주 1회에서 주 2회로 늘려보기로 결심했다. 대신 평일에 만나는 한 번은 그가 우리 동네로 와서 데이트를 하는 것으로 타협점을 찾았다. 우리 집과 그의 집은 대중교통으로 편도 2시간이 넘게 걸렸기 때문에 이 약속은 무척이나 중요했다.

그렇게 일주일에 두 번으로 늘어난 데이트가 퇴사 전까지 평화롭게 이어지기를 바랐지만, 주 2회의 데이트는 예상보다 어려움이 많았다. 앞서 말한 것처럼 퇴근 후 동네에 도착하면 나는 이미 무척 지쳐서 발걸음 하나 내딛기조차 힘든 그로기 상태에 빠져 있었다. 더구나 나는 매우 예민한 사람이라 그런 상태에서는 조용한 실내가 아닌 바깥에 있는 것만으로도 충분히 고통스러운데, 그때는 부모님과 함께 거주하던 시기여서 그와 함께 고요히 쉴 수 있는 실내 공간이 정말로 하나도 없었다. 어디를 가도 소란스러웠다. 식당을 가도 카페를 가도 시끄러운 음악과 사람들이 떠드는 소리가 뒤섞여 있었고, 이러한 외부 소음은 이미 참을 수 없는 수준으로 높아진 나의 피로도를 극도로 고조시켰

다. 그래서 나는 평일에는 그와의 데이트에 전혀 집중할 수가 없었다.

그러다 끝내 일이 연달아 터졌다. 9월 말에는 운전 중 잠시 시야가 흐릿해져 가벼운 오토바이 접촉 사고를 냈고(다행히 다친 사람은 없었다), 그로부터 얼마 지나지 않은 10월 중순에는 지하철을 타고 가다가 갑자기 어지러움을 느끼고 쓰러져 구급차에 실려 응급실로 이송되었다. 우리가 8월 말부터 사귀었는데, 연애 후 그 짧은 기간 동안 사고가 두 번이나 일어나다니. 무언가 잘못된 것이 분명했다.

의심의 여지없이 우리는 데이트 횟수에 대해 다시 의논해야 했다. 그 결과, 그는 나를 배려하여 주말 중 하루만, 그것도 내가 사는 동네에서 짧은 시간 동안만 만나기로 했다. 그리고 집에서 쉬다가 무료해지면 보라고 내가 좋아하는 예능 프로그램인 〈무한도전〉의 가요제 시리즈 전편을 USB에 담아주기도 했다. 그래서 나는 편한 마음으로 쉬면서 회복에만 집중할 수 있었다.

'더 나아지기 위해 우리는 기꺼이 더 나빠졌다.' 그 당시 들으면서 우리의 상황이 떠올라 마음이 뭉클해져 수집한 문장인데, 지금까지도 그 의미를 여전히 좋아한다.

지금 다시 돌아봐도 힘든 시기였다. 체력적 힘듦에 더해 거의

10년 만에 해보는 연애도 어려웠다. 오랜만이라 그런지 어색했고 어떻게 해야 할지 몰라 막막했다. 그리고 내 안에 오랫동안 갇혀 있던 감정들이 한꺼번에 폭풍처럼 밀려 나와 혼자서 삐걱거렸다. 강렬한 슬픔뿐만 아니라 극심한 기쁨도 감당하기 어려워, 최선을 다해 감정을 억누르며 마음의 둑을 쌓아온 세월이 길었는데, 그를 만나면서 그 둑이 무너져 내렸다. 연애를 시작하며 행복감을 느꼈지만, 동시에 예전의 아픔과 상처도 떠올라 감정이 혼란스러웠다. 그런 상황 속에서 다행히 그는 나의 생각과 감정, 행동까지 모든 면을 잘 이해하고 수용해 주었다. 덕분에 힘든 시기를 잘 지나올 수 있었다.

연애 심리학

66 　　　만남, 연애, 사랑, 이 모든 것은 체력을 바탕으로 한다. 한 사람이 힘들 때 다른 한 사람의 이해와 배려가 더 큰 생각을 할 수 있게 하고, 더 넓은 미래를 상상하게 만든다. 이러한 모든 것의 시작은 상대방에 대한 이해와 배려에서 시작된다.

데이트 통장

데이트 횟수를 조율할 무렵, 우리는 데이트 비용에 관해서도 이야기를 나누었다. 살아가면서 돈만큼 중요한 필수재가 또 있을까 싶을 정도로, 연애와 결혼에서 돈은 말하기도 귀찮을 만큼 정말로 중요하다. 그래서 누군가와 사귀기로 했다면, 돈에 대해 심도 있게 논의하고 적절한 합의점을 찾아야 한다. 우리도 그랬다.

우리는 친구로 만날 때는 철저하게 더치페이를 유지했다. 만나는 날마다 번갈아 한 사람이 몰아서 카드를 사용하고, 다른 사람이 반에 해당하는 금액을 현금으로 이체해 주는 방식이었다. 자주 봐도 주 1회 정도였기 때문에 불편함이 없었다.

그러나 연애를 시작하자 이 방식이 불편해지기 시작했다. 주

1회였던 만남이 주 2회로 늘어나고, 만나서 함께 하는 것들이 많아지면서 정산해야 할 영수증의 개수가 많아진 것이다. 다행히 나만 그런 것은 아니었던지, 사귄 지 2~3주가 지나자 그가 조심스럽게 물어왔다. "우리도 데이트 통장 써볼까? 매번 정산하기 번거로운데……" 듣자마자, 너무 좋은 방법이라 생각했다. '왜 나는 이런 생각을 먼저 하지 못했을까?'란 자책이 들 정도로. 그래서 거의 1초 만에 즉답을 했다. "응, 완전 좋아!"

그때부터 데이트 통장에 돈이 떨어질 즈음 서로 똑같은 액수로 다시 채워 넣고, 만날 때마다 데이트 카드로 계산하며 데이트를 했다. 데이트 통장을 사용하는 것은 처음이었는데, 단점을 찾지 못할 만큼 장점들로 가득했다. 물론, 이는 철저히 나의 주관적인 판단이다.

첫째, 데이트 통장을 사용하면서 정말 편했다. 아마도 각자 30만 원씩 넣고 거의 다 쓰면 다시 채우는 방식이었던 걸로 기억한다. 나보다는 그가 돈에 더 민감했고, 여러 가지 할인 혜택도 잘 챙겼기 때문에 통장과 카드 관리는 모두 그가 맡았다. 내가 할 일이라곤 가끔씩 돈을 데이트 통장에 이체하는 것뿐이라 진짜 편했다. 나중에 그에게 귀찮지 않았냐고 물어본 적이 있는데, 자기는 원체 의심이 많은 사람이라 귀찮음보다는 본인이 관리하면서 얻은 마음의 편안함이 커 오히려 더 좋았다고 했다.

둘째, 데이트 통장을 활용함으로써 데이트를 하고 정산을 할 때마다 느끼는 '지불의 고통'이 줄어들어 서로 더욱 즐겁게 데이트에만 집중할 수 있었다. 댄 애리얼리의 『부의 감각』에서는 '지불의 고통'이라는 말이 나오는데, 이는 무언가를 얻기 위해 돈을 지불할 때 사람들이 경험하는 심리적 고통을 의미한다.

만약 우리가 이전처럼 만날 때마다 더치페이를 계속했다면, 데이트를 하고 온 날마다 매번 돈을 계산해야 했을 것이다. 아마도 그 과정에서 지불의 고통을 반복적으로 느끼면서, 그로 인해 데이트 후의 즐거움이 줄어들었을 가능성이 크다. 하지만 우리는 각자 한 번에 30만 원씩 60만 원을 미리 통장에 넣어두었기 때문에, 꽤 오랜 날들을 지불의 고통 없이 데이트의 즐거움에만 집중할 수 있었다.

셋째, 데이트 통장을 사용하면서 서로에 대한 신뢰감이 더욱 높아졌다. 돈 문제는 연인 사이에서 매우 중요한 이슈 중 하나이고, 만약 결혼까지 생각한다면, '신뢰', 특히 '돈에 대한 신뢰'는 아찔한 놀이 기구를 탈 때 안전벨트를 제대로 꽉 매는 것만큼이나 중요하다고 생각한다. 우리는 데이트 통장을 쓰면서 서로의 금전 관리 스타일과 돈에 대한 태도를 확실히 알게 되어 서로를 향한 믿음이 더욱 커졌고, 이러한 점에서 데이트 통장 사용은 우리에게 아주 긍정적인 역할을 했다.

어떤 사람들은 연인 사이에 무슨 계산을 그렇게 철저하게 하냐며 데이트 통장에 거부감을 나타내기도 하지만, 나는 데이트 통장을 사용하면서 이전까지의 관계에서 돈 문제로 겪었던 스트레스가 많이 줄어들었다. 물론 결혼 후에는 돈 관리 방식을 다시 고민해야겠지만(우리는 결혼하면서 완전 오픈형으로 공동 관리하고 있다), 데이트 통장에 대한 지나친 거부감만 없다면 사귀는 동안 경험해 보는 것도 좋을 것 같다. 만약 그때로 다시 돌아간다 해도 나는 또 같은 선택을 할 것이다.

연애 심리학

66　　처음 시작하는 연애에서 금전 관리가 원활하게 이루어진다면, 데이트에 더욱 집중할 수 있을 것이다. 또한, 금전 관리의 투명함은 서로 간의 신뢰를 쌓고 믿음을 더욱 깊게 만든다. 본격적으로 사귀기 시작하는 연인들에게 데이트 통장은 금전 관리에 큰 도움을 줄 수 있다.

남자의 눈물
(+ 너무 늦기 전에)

평상시처럼 메시지를 주고받았지만, 평소와 다른 불편함을 느꼈다. 아마도 전날의 일 때문일 것이다. 그는 나에게 필요한 물건을 건네주기 위해 1시간이나 걸려 내가 다니는 회사 근처까지 와주었지만, 나는 피곤하다는 이유로 지하철역까지 조금만 태워 달라는 그의 부탁을 거절했다. 순간적으로 역이 집과 반대 방향이라는 사실만 떠올랐던 것이다. 그와 헤어진 후에야 아차 싶었고, '고작 10~20분 차이인데 왜 그랬을까?' 하는 후회가 밀려왔다. 그래서 통화를 하며 사과했지만, 그는 아직 마음이 풀리지 않은 듯했다.

그리하여 계획에 없던 약속을 잡았다. 퇴근 후 만나자는 내 말에 그는 서운한 티를 내면서도 알겠다고 하며 다시금 회사 근처로 오겠다고 했다. 마침 금요일이라 시간과 마음의 여유가 모두 있었으므로, 이야기를 좀 더 길게 나눠봐야겠다고 생각했다.

만나서 어디로 갈지 고민하다가 일단 그의 동네로 가기로 했다. 운전하면 20~30분 정도 걸리는 거리였다. 가는 동안 자연스럽게 그의 마음에 대해 물어보았다. "왜 그렇게 서운했어?" 그러나 대답이 없었다. 그래서 다른 질문을 던졌다. "왜 말을 안 해?" 사실 내가 정말 궁금했던 건 바로 이 부분이었다. 전날부터 지금까지 분위기를 통해 그의 좋지 않은 감정을 감지했지만, 그의 진짜 감정이나 상태에 대해 직접 듣지는 못했으니까.

또 조용했다. 그래서 살짝 옆을 봤더니 그가 울고 있었다. 우는 아이는 익숙했지만, 우는 성인 남자는 당황스러웠다. 벙찐 채로 내가 할 수 있는 건 그저 조용히 운전하는 것뿐이었다. 다행히도 조금 더 기다리니 그가 입을 열기 시작했다. 그는 내가 예상했던 일로 서운하고 화가 났지만, 나한테 화를 내서는 안 된다고 생각해 어떻게 해야 할지 모르겠다고 했다. 이해가 잘되지 않아 다시 하나하나 물어보았다.

"왜 나한테 화를 내면 안 돼?"

그는 나에게 화를 내지 않는 것을 자신의 규칙으로 정했다고 했다.

"그럼 화내지 말고 잘 말해주면 되잖아"라고 내가 말하자, 다시 침묵이 흘렀다. 그리고 한참을 힘들어한 후에야 어렵게 말을 다시 시작하는 걸 보니, 아마도 여기부터가 본질인 것 같았다.

"안 좋은 감정에 대해 제대로 이야기해 본 적이 없어."

그는 부정적인 감정에 대해 말했을 때 잘 받아들여진 경험이 없다고 했다. 어릴 때는 혼났고, 커서는 이해받지 못했다고. 그러다 보니 화가 나는 상황에서 점점 더 극단적으로 화를 내게 되었는데, 나에게 그랬다가는 나와의 관계를 잃을 것이고, 그러기는 절대 싫으니 나한테는 아예 화를 내는 선택지 자체를 없애버렸다고 했다.

무슨 말인지 이해했다. 어린 시절 부정적인 감정을 타인에게 털어놓았을 때 온전히 이해받지 못한 경험은 개인의 성장과 발달에 두고두고 안 좋은 영향을 미친다. 부정적인 감정을 적절하게 표현하는 방법을 배우지 못해 자꾸만 미성숙한 의사소통 방식으로 갈등을 해결하려 하고, 이로 인해 타인과 건강하지 못한 관계를 형성하게 되는 것이다.

나는 사람들과의 감정 교류가 풍부한 편이 아니고, 많은 사람과 꼭 그럴 필요는 없다고 본다. 그러나 누군가와 깊은 친밀감을 형성하려면 솔직한 감정이 건강한 방식으로 자연스럽게 오갈 수 있어야 한다고 생각한다. 그래서 그에게 힘들더라도 부정적인 감정을 표현하는 연습을 해야 한다고 했다. 나는 그 말을 잘 들어줄 것이고, 비난하거나 공격하거나 감정적으로 반응하지 않을 것이라는 말과 함께. 나쁜 감정을 말이나 행동으로 격하게 표출

하는 쪽은 아니라서, 그 부분에 대해서는 정말 자신이 있었다. 덧붙여 나는 불만이 생기거나 서운한 일이 있으면 바로 말할 것이라고도 했다. 가만히 듣고 있던 그는 나의 이 말에 용기를 얻었는지, 자신이 모방은 잘하는 편이라며, 그러면 나를 모방하겠다고 했다.

이후부터는 일이 예상보다 훨씬 더 순조롭게 진행되었다. 나는 사소하더라도 불편한 일이 생기면 그때마다 그에게 차분하게 모두 말했는데, 그는 귀 기울여 들어주고 함께 고민하는 역할을 정말 잘해서 말하고 나면 항상 마음이 편안해졌다. 그리고 그도 서서히 자신의 불편한 감정들을 솔직하게 표현하기 시작했다. 처음에는 목소리가 떨리고 어색했지만, 점차 자연스러워졌다. 기쁘고 좋은 것뿐만 아니라 슬프고 힘든 감정들까지도 상대방이 안 받아주지 않을까 하는 불안감 없이 서로 나누기 시작하면서, 우리는 한층 더 친밀한 관계로 발전할 수 있었던 것 같다.

+ 너무 늦기 전에

소중한 사람에게 안 좋은 이야기를 '잘' 하는 게 어렵기는 해.
하지만 '건강한 우리'를 위해 위해 반드시 필요한 일이지.

서운한 마음, 힘든 마음, 화나는 마음을 가만히 두면

제때 제거하지 않으면 지우기 힘들어지는 얼룩처럼
마음에도 지우기 힘든 자국들이 점점 번져갈 거야.

그러니까 너무 늦기 전에 말해야 하고
그 마음을 귀 기울여 들어줘야 해.

지금의 우리는 그럴 수 있어서 참 좋아.

연애 심리학

66   연인 간에 항상 좋은 날만 있는 것은 아니다. 때때로 찾아오는
불편한 날에는 자신의 감정을 솔직하게 표현할 방법을 찾아야 한다. 이러
한 날들을 잘 극복하면, 관계는 한층 더 친밀해질 수 있다.

피하고 싶었던 섹스

사귄 지 100일 정도 되었을 무렵에서야, 우리는 처음으로 성관계에 대해 깊은 대화를 나누게 되었다. 여러 번의 여행과 늦은 밤의 술자리에도 불구하고, 그 주제에 대해 진지하게 이야기한 것은 그때가 처음이었는데, 이전까지 나는 아직 그 주제로 대화를 나눌 준비가 되어 있지 않아 말이 나오려 할 때마다 어떻게든 다른 주제로 돌려버렸었다.

사실 내가 한참 동안 연애를 하지 않은 이유에서 성관계는 많은 지분을 차지했다. 보수적인 환경에서 자라면서 어릴 적부터 성에 대한 인식이 좋지 않았고, 이러한 심리적 영향으로 인해 성관계를 가질 때마다 불쾌한 감정이 항상 따라다녔다. 그래서 어느새 성관계는 나에게 불편한 것이 되었고, 가능한 한 피하고 싶은 대상으로 자리 잡았다.

 연애를 하지 않는다면 나의 이러한 사고방식은 누구에게도 문제가 되지 않지만, 연애를 시작하면 얘기가 달라질 수밖에 없다. 성인 남녀에게 성적인 건 너무나도 중요한 부분이니까. 그와의 연애를 고민하며 이미 당연히 생각했던 부분이긴 한데, 일단 피할 수 있는 한 최대한 피해왔던 것 같다.

 그러다 어느 날, 우연히 대화가 자연스럽게 그쪽으로 흘러갔고, 여느 때와 달리 거부감이 들지 않아 이야기를 계속 이어갔다. 하지만 그 주제가 편하고 즐거운 것은 아니어서, 앞서 언급한 내용을 간단히 그에게 전했다. 그리고 하려면 할 수는 있을 것 같은데 심리적 불쾌감 때문에 즐거울 가능성은 거의 없어 보인다고 덧붙이며, 연애하면서 성관계를 불편해한다는 점에 대해 스스로도 걱정이라고 했다.

 내 말을 가만히 듣고 있던 그는 어떻게 하면 마음이 좀 편해질 것 같은지 물었다. 그런 건 한 번도 생각해 본 적이 없어 시간이 필요했다. 곰곰이 생각해 보니, 불편할 때 언제든지 '어색함 없이' 마음 편히 멈출 수 있는 통제권을 가진다면 훨씬 더 나을 것 같았다. 그래서 '이게 가능한 남자가 있나?' 싶었지만 일단 그에게 내 생각을 말했다. 그런데 그는 내 말에 "중간에라도 불편하다고 하면 멈춰줄게"라고 곧장 답해주었고, 나는 반신반의하면서도 그 말만으로 제법 안심이 되었다.

  그리고 그 후, 약속은 실제로 꾸준히 잘 지켜졌다. 그래서일까? 나는 어느 순간부터 성관계를 떠올릴 때 불편함이나 불쾌함을 느끼지 않게 되었다. 나이가 들수록 사람은 쉽게 변하지 않는다고들 하는데, 나에게 나타난 변화가 참 기분 좋고 신기하다.

연애 심리학

> 66   나를 이해해 주는 연인을 만나면 내가 꺼려하던 것들도 조금씩 변하게 되는 것 같다. 나이가 들수록 사람은 변하지 않는다고 하지만, 사랑의 힘이 사람을 서서히 변화시키는 것이 아닐까?

쌀국수 미션?

　강박적인 업무와 스트레스로 지쳐 퇴사 날짜만을 손꼽아 기다리던 2019년 늦가을의 어느 날, 가끔 가던 찜닭집에서 저녁을 먹고 있던 중 그가 "퇴사 후에 뭐 하고 싶어?"라고 물었고, 나는 주저함 없이 "해외여행"이라고 대답했다. 순간 그의 얼굴에는 웃음에 더해 고민과 걱정이 고스란히 드러났는데, 그도 그럴 것이 경제적으로 수입이 없던 연애 초반의 그에게 해외여행 비용은 엄청난 부담으로 다가왔을 것이다.

　하지만 곧 그는 나에게 어디로 떠나고 싶은지를 물음으로써 여행에 대한 긍정적인 의사를 전했다. 나에게 퇴사와 여행은 그동안의 힘들고 지친 일상에서 벗어나 새로운 활력을 찾을 수 있는 소중한 기회로 여겨졌기에, 어려운 상황 속에서도 나를 먼저 생각해 주는 그의 모습이 많이 고마웠다. 그래서 나도 그를 배려해 여행의 질을 떨어뜨리지 않으면서도 최대한 예산을 절약하고자, 최선을 다해 여행 계획을 세우기로 마음먹었다.

여권이 만료된 그는 여권 발급부터 시작했다. 당시 그는 나와 함께 가끔 해외여행을 떠나기 위해 유효기간이 10년인 여권을 발급받았지만, 코로나19와 여러 사정으로 인해 이 여행이 새 여권으로 떠난 그의 첫 번째이자 마지막 해외여행이 되었다. 한편, 나는 인터넷을 뒤져 저렴한 항공권과 숙박 옵션을 꼼꼼하게 비교했고, 우리가 가고 싶은 현지 음식점에서 할인 혜택을 받을 수 있는 정보를 찾아 예약했다. 그렇게 우리는 서로가 해야 할 여행 준비를 했고, 나는 여행이야기가 나오고 나서부터 조금 더 힘을 내어 일하며 무사히 직장 생활을 마무리했다.

드디어, 퇴사하고 여행을 떠나던 날, 우리는 서로의 손을 꼭 잡고 게이트로 들어섰다. 그 순간의 설렘과 기대는 말로 다 표현할 수 없다. 우리의 여행지는 베트남 '나트랑'이었다. '연말과 연초를 따뜻한 곳에서 보내면 어떤 느낌일까?'라는 생각에 따뜻한 곳을 찾다가 그곳으로 결정했는데, 결과적으로 아주 탁월한 선택이었다. 마치 깨기 싫은 꿈을 꾸는 듯한, 행복으로 가득 찬 4박 5일을 보냈다.

우리는 호텔에서 걸어갈 수 있는 거리에 위치한 한적한 카페에 자주 들렀다. 시원하고 달콤한 망고 요거트를 주로 마셨고, 평범한 카페에서의 휴식을 통해 마치 평화로운 휴양지에 온 듯한 기분을 만끽했다. 서로의 손을 잡고 멍하니 앉아 여유로운 분위기를 즐기기도 하고, 각자 휴대폰으로 보고 싶은 것들을 보기도 했다. 그는 주로 만화를 봤고, 나는 웹서핑을 하거나 이북을 읽었다. 그런 자연스럽고 편안한 시간은 사소하지만, 여행을 특별하게 만들어주는 소중한 경험이었다.

또 호텔 옆에 있던 반미 가게도 절대 잊을 수 없다. 그 허름한 가게에서 팔던 저렴하면서도 맛있는 반미는 우리의 입맛을 완전히 사로잡았다. 바삭한 바게트와 신선한 채소, 넉넉한 고기, 그리고 조화로운 소스가 어우러져 정말 맛있었다. 우리는 북적이기만 하고 맛은 없던 호텔 조식 대신 반미를 사와 호텔방에서 편안하게 먹으며 행복한 시간을 보냈고, 기분 좋은 대화를 나누며 많이 웃었다. 그래서 그 시간은 일부러 찾아갔던 유명 맛집에서의 식사보다도 내 머릿속에 훨씬 더 훌륭하고 특별했던 식사로 기억되고 있다.

당황스러웠던 날도 있었다. 하루에 한 끼는 밥이나 면과 같은 든든한 탄수화물 음식이 나에게는 필수적인데, 그렇지 못하면 속이 느글거리며 마음이 불안해지고 에너지가 고갈되는 느낌이 든다. 여행 중에도 아침부터 저녁까지 종일 그런 음식을 먹지 못해 정말 힘든 날이 있었다. 그래서 쌀국수로 탄수화물을 보충하고자 일정을 마치고 호텔로 들어가는 길에 항상 현지 손님들로 만석인 걸로 보아 쌀국수 로컬 맛집으로 추정되는 곳에 들렀다. 간단히 먹고 들어가고 싶었지만, 맛집답게 자리가 없었고, 자리가 난다고 해도 너무 정신없는 분위기 속에서 먹어야 할 것 같아 포장을 택했다.

하지만 방에 들어와 검은 봉지를 열었을 때, 나는 몹시 놀라고 말았다. 음식이 용기가 아닌 비닐봉지에 담겨 있었고 수저도 넣어주지 않아 그대로는 먹을 수 없는 상황이었기 때문이다. 속이 더 불편해지고, 기운이 빠지며 짜증이 치솟았다. 새삼 한국의 깔끔한 음식 포장이 몹시도 그리워졌다.

다행히도 그는 그런 실망스러운 상황 속에서도 꽤 믿음직스럽게 행동했다. 호텔 직원에게 도움을 청해 그릇과 수저를 빌려오고, 내가 편히 먹을 수 있도록 음식을 세팅해 주었다. 그렇게 그에게 의지해 쌀국수를 먹으며 나의 속과 마음은 서서히 안정감을 되찾기 시작했고, 그에 대한 애정 역시 고요하지만 단단하게 피어올랐다.

여행을 통해 많은 힘을 얻었고, 새로운 것들을 시도하고 싶은 마음이 깨어났다. 또 여행은 우리의 연애에도 새로운 발견을 안겨주었다. 우리는 낯선 타지에서 함께 쉬고 놀고 웃으며 맛있는 음식을 맛봤다. 함께 하는 첫 장기 여행이자 해외여행인 만큼 약간의 불안이 있었는데, 결과적으로 서로를 더욱 깊이 알아가고 마음이 가까워지는 소중한 시간이 되었다. 정말 감사한 일이었다. 그래서 미소 지으며 일상 속으로 순조롭게 돌아올 수 있었다.

연애 심리학

66   사람은 여행을 통해서 다시 힘을 얻고, 새로운 것을 시도하고 싶은 마음이 생긴다. 연인과 함께하는 여행은 서로를 좀 더 이해하게 하고, 애정을 조용하지만 단단하게 키워준다. 특히 낯선 곳에서의 여행은 서로를 더욱 알아가고 이해하는 기회를 제공한다.

찰떡궁합 문제 해결

그와 사귀면서 시끌벅적한 싸움은 없었지만, 자잘한 문제들은 당연히 존재했다. 싫은 점이 없고 잘 맞는 부분에 끌려 만났지만, 음식 취향, 취미, 행동의 속도, 말하는 방식을 비롯한 많은 부분이 서로 달라 서운함이 생기는 지점들이 나타났다. 100% 완벽하게 맞는 커플은 애초에 존재하지 않음으로 그리 놀랍거나 실망스럽지는 않았다. 다만, 문제가 생겼을 때 그걸 풀어나가는 방식에 관심이 갔다.

연애 초기에 있었던 문제 중 하나는 음식 취향에 관한 것이었다. 처음 만났을 때부터 나와 그는 식성이 하나부터 열까지 달라도 너무 달랐는데, 그 예를 하나 들어보자면 이렇다. 아주 다양한 안주를 파는 술집에 가서 그에게 메뉴판을 건넨다. 나도 슬쩍슬쩍 보면서 '저것만 아니면 괜찮을 것 같은데'라고 생각하고 있으면, 그는 많고 많은 메뉴 중에 신기하게도 하필 그걸 고르고, '아……' 나는 낮게 탄식한다.

말이 나온 김에 우리의 입맛이 얼마나 다른지에 대해 정리해보자면, 피자의 경우, 그는 스테이크, 폴드 포크, 불고기 등의 고기와 새우 토핑이 가득하고 치즈가 듬뿍 얹어진 피자를 선호하는 반면, 나는 슈퍼수프림이나 콤비네이션, 베이컨 체다치즈 같은 좀 더 클래식한 느낌의 피자를 선호한다. 치킨의 경우, 그는 맵지 않은 양념이 묻은 치킨을 선호하고, 나는 아주 바삭한 오리지널 크리스피 치킨을 선호한다. 파스타의 경우, 그는 토마토소스 파스타를 선호하고, 나는 오일 파스타를 선호한다. 면류의 경우, 그는 짜파게티, 비빔면, 비빔국수, 메밀소바를 선호하고, 나는 라면, 우동, 볶음면을 선호한다. 돈가스의 경우, 그는 치즈 돈가스를 선호하고, 나는 등심 돈가스를 선호한다. 계속 쓰자면 한없이 길어질 것 같아 정리가 쉽지 않은 총평을 끝으로 마무리를 하자면, 그는 맵지 않고 슴슴한 음식을 선호하고, 나는 약간 얼큰하고 적당히 간이 된 음식을 선호한다.

이런 이유로 식당에서 음식을 사 먹어야 했던 데이트 시절, 우리에게는 밥집을 정하는 게 정말로 커다란 난제였다. 처음에는 그가 나보다 음식에 훨씬 예민하고 진심이었기 때문에 그의 취

예민한 사람들을 위한 **연애 심리학**

향에 최대한 맞춰 보려고 했다. 하지만 몇 달을 그렇게 먹으면서 문제가 생겼다. 치즈가 들어간 음식을 너무 좋아하는 그의 식성 때문에(그는 가능하다면 모든 음식에 치즈 추가를 외쳤다) 내 속이 뒤집히는 일이 여러 번 있었던 것이다. 그동안은 그런 음식을 자주 먹지 않아 몰랐는데, 나는 유당불내증이 있어 우유나 치즈가 들어간 음식을 잘 소화하지 못하는 체질이었다. 취향은 둘째 치고, 소화가 안 되는 음식을 계속 먹을 순 없으니 뭔가 조치가 필요했다.

그래서 그에게 물었다. "어떻게 하는 게 좋을까?" 이 사안에 대해 정말 오랜 시간 대화를 나누며 하나하나 조율해 나갔던 것 같다. 내가 소화할 수 있으면서 둘 다 괜찮게 먹을 수 있는 곳을 찾고 또 찾았다. 결론적으로 우리가 갈 수 있는 식당의 선택지는 무척 적어지게 되었지만, 수고를 들인 덕분에 우리의 식사 만족도는 이전보다 높아졌다.

누군가는 어른 둘이 먹는 거 하나 가지고 뭘 그렇게 오래 의논하냐고, 그게 그 정도의 문제냐고 할 수도 있겠지만 우리는 늘 그랬다. 어느 한쪽이 무언가에 대해 불편함을 얘기하면, 문제의 경중을 따지지 않고 함께 그 이유를 살피고 해결 방법을 찾았다. 만약 그가 나의 불편함을 그의 기준에 따라 사소한 것으로 치부했다면, 나는 그에게 존중받지 못한다고 느꼈을 것이다.

또, 어떠한 해결 없이 감정의 공감만 하고 넘어갔다면, 반복되는 상황이 답답해서 싫었을 것이다. 그래서 이 부분은 나에게 무척 중요했는데, 그가 나처럼 문제 해결을 중요하게 생각하는 사람이라서 천만다행이었다.

사실 이것 말고도 비슷한 류의 문제가 꽤 있었는데, 지금은 문제가 있었다는 사실만 기억나고 그 내용은 잘 떠오르지 않는다. 마치 흐릿한 기억 속 잊힌 조각처럼 그 문제들은 내 마음속에 하나도 남아있지 않다. 언젠가 이야기를 나누다 보니, 나만 그런 게 아니라 그도 그렇다고 했다. 이유가 궁금해 그에게 "왜 그럴까?" 하고 물으니, 그는 "문제가 잘 해결되어 마음에 응어리가 남아있지 않아서"라고 대답했다.

그의 말이 맞는 것 같다. 문제가 만족스러운 방법과 방향으로 잘 해결된 후에는 그에 대한 감정이 자연스럽게 사라지는 것 같다. 마치 구름이 걷히면서 햇살이 비치는 것처럼. 앞으로도 우리에게 문제는 언제나 존재할 것이지만, 그 문제를 어떻게 받아들이고 해결하느냐에 따라 우리의 삶은 달라질 수 있다는 것을 잊지 말아야겠다.

연애 심리학

  66   연인 사이의 믿음과 확신에 찬 단단한 관계는 사소한 것에 대한 배려와 문제 해결을 위한 노력을 통해 형성된다. 간혹 문제를 해결하지 못하더라도, 상대방의 사소한 고민을 진심으로 해결하려는 모습을 최대한 성의 있게 보여주는 것이 중요하다. 이러한 태도만으로도 좋은 관계는 계속 이어질 수 있다.

늦게 알게 된 ADHD

그와 처음 둘이 만나 오후부터 늦은 저녁까지 길게 시간을 보낸 날, 나는 그가 남들과는 사뭇 다른 말과 행동을 보인다는 것을 단박에 알아챘다. 그리고 계속 만나면서 그는 사회성이 부족하여 대인관계가 원활하지 않을 것이라는 점도 알게 되었는데, 바로 다음의 모습들 때문이었다.

그는 말이 매우 많았고, 누가 쫓아오는 것도 아닌데 마치 랩을 하듯 빠른 속도로 이야기했다. 게다가 모든 행동이 급했고, 바쁜 일도 없는데 자주 뛰었으며, 편안히 쉴 수 있는 공간에서도 몸을 가만히 두지 못하고 자주 꼼지락댔다.

그리고 자신의 관심사에 관해 이야기할 때면 시간 가는 줄 모르고 몰입했으며, 마치 백과사전을 펼쳐 놓은 듯 방대한 지식을 바탕으로 학문적이고 이론적인 내용을 유창하게 설명했다. 그러나 다른 사람의 관심사에는 전혀 집중하지 못했고, 금세 자신의 관심사로 돌아와 그에 관한 이야기만 계속하고 싶어 했다.

또한, 그는 사람들의 일반적인 감정에 공감하지 못하고 대화에서 눈치 없는 반응을 보여 사람들을 불편하게 만들기도 했다. 예를 들어, 누군가 요즘 경기가 너무 나빠져 돈 벌기가 어렵다고 하소연하면, "맞아. 요즘 너무 힘들지"라고 위로하는 대신, "지금이 단군 이래 돈 벌기가 가장 쉬운 시대인데~"라며 현재의 경제 상황과 돈을 버는 방법에 대해 계속 이야기하는 식이었다.

하지만 나와 그는 공통의 관심사가 있어 대화가 잘 통했으며, 연인 간의 이상적인 관계에 대한 가치관 역시 일치했다. 또 나는 이상형이 '예측 가능한 사람'일 정도로 예측 가능한 사람을 좋아하는데 그의 행동은 패턴화되어 있어 대체로 예측 가능했고, 말한 것을 잘 지키는 그의 모습에서 신뢰를 느껴 나는 그와의 만남을 계속 이어갔다.

그러다 사귄 지 1년쯤 되었을 때, 그는 자신의 학창 시절에 관한 이야기를 꺼냈다. 그는 어릴 적부터 학업에 집중하고 행동을 조절하는 것이 쉽지 않았다고 고백했다. 구체적으로 말하자면, 책에 집중하기가 어려워 공부를 해도 시험 성적이 기대에 미치지 못했다고 밝혔다. 또한, 영상을 정상 속도로 보면 너무 느리게 느껴져 금세 지루해져서 2배속으로 봐야 했고, 가만히 있는 것이 힘들어 항상 무언가 자극이 필요했다고 말했다. 이외에도 초등학생 시절에는 수업 중 화장실에 가고 싶으면 선생님의 허락 없이 자리를 이탈하기도 했고, 친구를 사귀는 일은 그에게 매우 힘든 과제였다고 회상했다. 더불어, 나를 만나고 있던 당시에도 과거보다는 나아졌지만, 여전히 힘든 점이 많다고 덧붙였다.

나는 그의 말을 들으면서 '혹시?' 하며 ADHD를 잠깐 의심했으나, '에이, 아니겠지. ADHD면 이미 진작에 진단받았겠지. 그냥 남들보다 조금 힘든 정도겠지' 하면서 그냥 넘겼다.

하지만 그런 이야기를 나눈 지 얼마 지나지 않아, 그는 불안감 때문에 상담을 받던 정신과에서 ADHD(주의력 결핍 과잉행동 장애) 진단을 받았다고 전했다. 나에게 했던 이야기를 비롯해 다양한 이야기를 나누던 중, 검사를 해보니 그런 결과가 나왔다고 했다. 그가 진짜 ADHD였다니. 쾅, 망치로 머리를 한 대 맞은 것 같았다.

ADHD는 간단히 말해 주의력이 부족하고 과잉행동, 충동적인 성향을 보이는 신경 발달 장애이다. 보통 어린 시절부터 나타나며 성인이 되어서도 지속될 수 있다. ADHD를 가진 사람들은 집중하기 어려워하고, 자신의 행동을 조절하는 데 어려움을

예민한 사람들을 위한 **연애 심리학**

겪는다. 예를 들어 수업 시간에 자주 자리를 벗어나거나 다른 일에 집중하지 못하는 등의 모습을 보일 수 있다. 또한, 충동적인 행동으로 인해 위험한 상황에 처할 수도 있다. 즉, 그의 과거 행동 특징은 ADHD 증상과 상당 부분 일치했다.

이후 그는 처방받은 약을 먹기 시작하면서 드라마틱한 변화를 경험했다. 일반적으로 ADHD 약물은 ADHD가 아닌 사람에게는 두근거림이나 어지럼증 같은 부작용을 유발할 수 있지만, 그는 오히려 정신이 맑아지고 생각이 명료해졌다고 했다. 그러면서 과거 ADHD 증상으로 인해 겪었던 힘든 일들을 떠올리며, 그동안 힘들게 살아온 게 억울하다고 했다. 그의 이야기를 들으면서 나는 정말 많이 속상했다.

나는 특수교육 전문가라면서 정작 그에 대해서는 별다른 의심을 품지 않았다. 그의 남다른 특성을 알고 있었지만, ADHD는 보통 아동기에 진단되기 때문에 성인인 그는 설마 아닐 거라고 안일하게 생각했다. 또 만약 장애라면 ADHD보다는 아스퍼거 증후군에 더 가깝다고 느꼈다. 아스퍼거 증후군은 자폐 스펙트럼 장애의 일종으로, 사회성이 부족하고 특정한 관심사에 집착하는 특징이 있는데, 나에게는 그의 이러한 특징이 더욱 두드러져 보였다. 그러나 그런 객관적인 시선마저도 그와 점점 더 친밀해지고 익숙한 관계가 되면서 점차 흐려져 버렸다.

그는 성인이 될 때까지 제대로 진단을 받지 못해 남들보다 몇 배나 더 힘든 삶을 살아왔다. 얼마나 힘들었을까? 만약 내가 그의 특이한 행동 특성에 대해 좀 더 적극적으로 이야기를 꺼냈다면, 그의 불편함이 더 빨리 줄어들었을까? 이러한 질문과 생각들이 꼬리에 꼬리를 물며 내 마음속을 떠나지 않았다.

연애할 때나 지금이나 그의 산만함 때문에 힘들 때가 있긴 하다. ADHD 증상이 약물로 100% 해결되지는 않으니까. 하지만 그가 나를 편안하게 해주기 위해 최대한 충동성을 조절하려고 노력하고, 나에게 최선을 다하고 있다는 것을 안다. 그래서 괜찮고, 그가 ADHD로 인해 과거보다 덜 힘들기를 진심으로 바란다. 그가 ADHD라는 사실을 알고 나서, 내가 언어재활사로 일하며 ADHD 대상자와의 수업에서 쌓은 경험과 지식이 큰 자산이 되었다고 느꼈다. 나에게 그가 많은 위로와 도움이 되는 만큼, 나도 그에게 그런 존재가 되고 싶다. 그래서 서로 보태고 덜어내며 오래오래 함께 잘 지내고 싶다.

연애 심리학

❝   연인의 다른 점을 이해하고, 걱정하고, 위로하고, 내 지혜를 보태는 것이 자연스러울 때, 우리의 사랑은 시작된다. 사랑이라는 감정은 그렇게 서서히 찾아오는 것 같다.

학대 가정

나는 엄연히 시댁이 존재하지만 마치 없는 것처럼 살아가고 있는데, 이는 그가 결혼을 준비하는 과정에서 부모님과의 연을 끊기로 결정했기 때문이다.

생각해 보면, 그는 처음 만난 자리에서부터 부모님에 대해 안좋은 얘기를 했었다. 이후의 만남에서도 그런 얘기가 종종 이어졌고, 그는 자신이 학대 가정에서 자랐다고 말했다. 처음에는 그의 말을 잘 이해하지 못해 오히려 그가 자신의 과거를 과장하는 것이 아닐까 하는 의구심이 들었고, 솔직히 말하자면 성인이 그러는 모습이 미성숙해 보이기도 했다. 그러나 그 주제의 얘기만 칼같이 끊어내기는 어려워 만날 때마다 조금씩 그의 이야기를 들어주다 보니 어느새 그의 가정사에 대해 꽤 많이 알게 되었고, 처음에 가졌던 내 생각에도 변화가 생겼다.

　부모님과의 갈등은 그가 초등학교에 입학하면서부터 시작되었다. 부부 교사였던 부모님은 그가 초등학생이 되자 무엇보다 공부가 중요하다고 생각해 그를 10개 이상의 학원에 보내며 강도 높은 공부를 시켰다. 그러나 (그때는 몰랐지만) ADHD를 가진 그는 학원 수업에 집중하지 못했고, 혼자 공부할 때도 다양한 것들에 산만하게 마음이 쏠려 성적이 좋지 못했다.

　설상가상으로 그런 결과를 두고 그의 부모님은 그를 '머리는 좋은데 공부를 안 하는 아이'로 간주했는데, 그가 어릴 때 또래들이 모두 어려워하는 퍼즐을 척척 맞추기도 하고 배우지도 않은 어려운 수학 문제를 푸는 모습을 보이기도 했기 때문이다. 그래서 부모님은 그가 공부하려는 노력을 전혀 하지 않는다고 생각해 그를 더욱 엄하게 혼냈다.

　학원은 힘들고, 공부는 해도 성과가 없고, 부모님께는 계속 혼나고. 그런 상황이 반복되자 당연히 스트레스가 쌓였고, 이를 풀기 위해 그가 택한 방법은 게임이었다. 그러나 그 선택은 갈등을 더욱 심화시켰다. 부모님의 체벌이 시작되었기 때문이다. 아버지는 그가 게임하는 모습을 볼 때마다 물리적, 언어적 폭력을 행사했고, 어머니는 그런 상황을 지켜보면서도 방관했다.

　그러다 보니 상황은 점점 악화되었다. 나날이 현실에서 느끼는 좌절감이 커지면서 그는 게임에 더욱 몰두했고, 그럴수록 부모님의 체벌 수위도 높아졌다. 이러한 악순환은 그가 성인이 될 때까지 계속되다가, 결국 물리적으로 그의 힘이 아버지의 힘보다 세졌을 때에야 비로소 멈춰졌다.

그렇게 폭력이 일단락된 후, 그는 상처가 컸지만, 부모님과의 관계를 회복해 보려 노력했다. 상담학과에 다니며 배운 내용을 바탕으로 부모님께 직접 적용해 보려고도 하고, 함께 전문가에게 가족 상담을 받자고 권유하기도 했다. 또, 과거에 대한 솔직한 대화를 시도해 보기도 하고, 마지막에는 진심을 담아 아버지께 편지도 썼다. 하지만 안타깝게도 그의 모든 노력이 헛수고로 돌아가 결국 관계 회복은 이루어지지 못했다.

내막을 알고 나니 그가 왜 부모님에 대해 계속 부정적인 감정을 품고 있는지 이해가 됐다. 그래서 '그래도 부모님인데' 같은 말은 하지 않기로 했다. '그런 부모님이면 끊어야지'라는 말도 마찬가지고. 그저 그가 과거에 발목 잡히지 않고 현재를 제대로 살아가기를 바랐다. 그렇게 마음먹은 이후, 나는 그가 부모님에 관한 이야기를 할 때 최소한의 반응만 보이고 별다른 피드백은 하지 않았다.

그래서 연애하는 동안 부모님에 관한 이야기는 우리에게 별로

예민한 사람들을 위한 **연애 심리학**

화제가 되지 않았지만, 결혼 준비를 시작하면서 '부모님'이 다시 화두로 떠올랐다.

그는 애초에 부모님과 결혼식을 같이 의논한다는 전제가 아니라, 부모님이 결혼식에 끼어든다고 생각했고 그걸 탐탁지 않아 했다. 하지만 나는 그렇지 않았다. 그의 부모님에 관한 이야기는 모두 그를 통해 전해 들은 것이고, 그분들이 나에게 직접적으로 해를 끼친 건 아니기에 무조건적으로 거부할 이유도 명분도 없었다. 오히려 그를 존재하게 한 점에 관해서는 감사한 마음이었고, 가능하다면 시부모님과 잘 지내는 것이 그렇지 않은 것보다는 좋다고 생각했다. 그래서 나는 더도 덜도 말고, 내가 할 수 있는 범위 내에서 최선을 다하기로 했다.

양가 인사 전 시어머니가 나를 먼저 보고 싶어 하신다고 해서 기꺼이 그렇게 했다. 조용한 장소가 마땅치 않아 당시 그와 오랜 시간을 보내던 아지트에서 뵈었다. ADHD 아들을 키우는 일이 쉽지 않았을 것 같다는 나의 자그마한 공감에 눈물을 흘리셨고, 그를 잘 키우고 싶은 마음에 한 행동들이 돌아보니 잘못된 방법이었던 것 같아 두 분 모두 후회 중이라고 하셨다. 또 지금도 그와 잘 지내고 싶은데 잘되지 않아 속상하다고 하시며, 새로운 구성원인 나를 계기로 관계가 나아지기를 바란다고 하셨다. 나는 내가 할 수 있는 만큼은 하겠다고 약속했다.

하지만 내가 그의 집으로 인사를 갔을 때 결혼 방식에 관한 이야기로 조금 이슈가 있었고, 이후 몇 번의 마주침 속에서 은은한 갈등이 번졌다. 물론 나와 시부모님이 사이가 아니라, 그와 시부모님 사이에. 그러다 우여곡절 끝에 가벼운 상견례를 치른 후, 그는 나에게 부모님과의 절연을 선언했다. 그의 결정에 나는 부모-자식 간의 서사에서 제3자일 수밖에 없는 데다가, 그 정도로 지지고 볶으며 내린 결정이라면 존중하는 게 맞는 것 같아 알겠다고 했다. 30년 이상 쌓아 온 그들만의 역사에 내가 무슨 권리로 끼어들고, 뭘 어떻게 할 수 있겠는가.

그가 절연을 선언하면서 나와 시부모님 간의 연결고리도 완전히 끊어졌다. 나는 속으로 그들의 갈등이 조금이라도 풀리기를, 그래서 서로 간에 주고받은 상처가 조금이라고 줄어들기를 바랐기에 최종 결론이 조금 아쉽긴 했다. 하지만 다행히 중간에서 내가 할 수 있는 만큼은 이미 다 한 것 같아 마음이 불편하지는 않았다.

예민한 사람들을 위한 **연애 심리학**

연애 심리학

❝　　연애 후 결혼까지는 너무나 많은 난관이 존재한다. 이러한 난관은 발목을 잡아 배를 좌초시킬 수도 있고, 마음에 큰 상처를 남길 수도 있다. 그러나 주변의 비바람과 시련이 있더라도 진정으로 사랑한다면 서로의 아픔을 치유하며 함께 나아갈 수 있다. 결혼은 끝이 아니라 또 다른 시작이므로, 함께 방향키를 쥐어야 한다. 그리고 함께 쥔 방향키를 놓지 않고 목표한 곳에 도달하기 위해 끊임없이 노력해야 한다.

사업과 자존감 회복
(+ 그런 풍족한 만남이면 충분했어)

그는 나와 사귀고 몇 년이 지날 때까지도 가끔씩 같은 질문을 던졌다. "나를 왜 만나?" 그러면서 그는 매번 내가 왜 자기 같은 사람을 만나는지 모르겠다고 했다. 여기서 그가 정의하는 '자기 같은 사람'은 '돈이 없고, 좋은 학교를 졸업하지 않았고, 잘생기지 않아 여자들에게 인기가 없는 사람'을 의미했고, '나'는 '전문적인 일을 하고, 좋은 학교를 졸업했고, 사람들과 잘 지내는 사람'이었다.

자신에 대한 인식은 부정적이었던 반면, 나에 대한 평가는 다소 후했던 것 같다. 그때의 나는 곧 일도 그만둘 거고, 동문들에 비해 화려한 삶을 살고 있지도 않고, 사람들과는 얕은 관계만 맺으며 그저 갈등 없이 지내는 사람일 뿐이었으니 말이다.

꼭 저런 질문이 아니더라도 대화를 하다 보면 자존감이 낮은 그의 모습이 무심코 드러나곤 했다. 그는 자신이 무언가를 아무리 열심히 해도 운이 따르지 않아 좋은 결과를 얻지 못했다고 했다. 또, 인정 욕구가 강해 누군가의 칭찬과 응원을 받으면 더 열심히 할 수 있을 것 같다고 느끼면서도 그런 경험이 거의 없다고 했다. 그가 유일하게 기억하는 칭찬은 초등학생 땐가 중학생 때 수학 선생님이 해주신 것인데, 칭찬을 듬뿍 받은 덕분에 정말 열심히 공부해 수학 성적이 잘 나왔던 기억이 남아있다고 했다.

나는 그의 말을 들을 때마다 고개를 갸우뚱했다. 내가 지켜본 그는 매사에 참 열심이고 좋은 모습이 많은 사람이었기 때문이다. 지금까지 강제적인 일과 없이 집에서 시간을 보내는 사람 중에 그처럼 부지런히 하루를 보내는 사람을 본 적이 없었다. 매일 아침 8시면 일어나고, 꾸준히 운동을 하고, 하루에 책 한 권을 읽은 후 리뷰를 쓰고, 몇십 개의 유튜브를 보며 공부하는 그의 모습은 나에게 정말 인상적이었다. 그와 비슷했던 시절, 오전까지 자다 일어나 겨우 밥을 먹은 후 다시 소파에 누워 TV를 보면서 하루하루를 맹맹하게 보냈던 나로서는, 자발적으로 그런 생활을 하는 그가 참 신기하게 느껴졌다. 그래서 나는 "나를 왜 만나?"라는 그의 질문을 들으며 마음이 안 좋고 슬펐다.

하지만 감정은 감정이고, 질문에 대한 답은 명쾌하게 하고 싶어 이렇게 답했다. 나는 누구에게 보여주기 위해 연애를 하는 게 아니고, 지금은 오로지 연애만을 생각하고 있기에 내 기준에서는 괜찮아서 만난다고. 돈은 나랑 데이트할 만큼만 있으면 되고, 좋은 학교를 나오지 않았더라도 나와 대화가 잘 통하면 되고, 외모는 내가 싫다고 느끼지 않을 정도면 되고, 인기는 내가 보는 기준이 아니라고. 만약 나중에 결혼까지 생각하게 된다면, 다른 건 그때 가서 다시 고민해 보겠다고. 지금은 그냥 지금으로서 정말 충분하다고. 그리고 남들이 볼 때 '저 여자가 왜 저런 남자를 만나지?', '저 남자가 왜 저런 여자를 만나지?'가 아니라, 우리는 어차피 여러 객관적 조건에서 둘 다 이상하게 보일 거라고. 충분한 대답이 되었는지는 모르겠지만, 그의 같은 질문에 나도 늘 같은 대답을 했던 것 같다.

그런데 몇 년간 이러한 입장을 고수하던 그가 사업을 시작하고 점차 성공을 거두면서 조금씩 변화하기 시작했다.

코로나가 터지기 바로 직전, 나는 엄마와 함께 수안보로 온천 여행을 갔었다. 그때는 비밀 연애를 할 때라, 엄마가 혼자 행복하게 온천을 즐기는 시간만이 그와 편안하게 통화를 할 수 있는 유일한 기회였다. 그래서 그 틈을 타 그에게 연락을 했는데, 그가 세무서에 가서 사업자등록을 하고 왔다는 느닷없는 소식을 전했다. 뭐, 당시 그가 취업을 할지 사업을 할지 한창 고민하고 있던 터라 사업자등록 자체는 놀랍지 않았지만, 전날까지 아무 말 없다가 내가 여행을 간 그 시점에 전화로 이렇게 중요한 소식을 전했다는 것은 다소 의외였다. 어쨌든 그의 사업은 그렇게 급작스럽게 시작되었고, 우리가 사귄 지 5개월쯤 되었을 때였다.

그가 시작한 사업은 온라인 판매였다. 유통업에 관심이 있어 여러 경로로 그에 관한 공부를 하고 있다는 사실은 이미 알고 있었다. 하지만 이론과 실제는 다르고, 남이 하는 걸 보는 것과 내가 직접 하는 건 천지차이라 처음 몇 달간은 수입이 거의 없었다. 계속해서 상품을 등록했지만, 주문은 진짜 가뭄에 콩 나듯 들어왔다. 그래서 나는 솔직히 나는 그가 사업을 포기하고 취업 준비를 하지 않을까 생각했다. 그러나 내 예상은 보기 좋게 빗나갔고, 그에게는 '될 때까지 한다!'는 근성이 있었다. 나에게는 많이 부족한 특성이기에, 그가 가진 근성은 내가 정말 좋아하는 부분이다.

그는 매일 하루에 열 몇 시간씩 컴퓨터 앞에 앉아 집요하게 일했고, 나와 데이트를 할 때조차도 주변을 둘러보며 판매할 만한 상품이 있는지 항상 예의주시했다. 그래서였을까? 사업이 조금씩 잘 되기 시작하더니, 탄력이 붙어 급속도로 성장해 수입이 어느새 내 급여를 몇 배나 뛰어넘게 되었다. 사업을 시작한 지 약 10개월 만의 일이었다.

　돈을 잘 버는 남자친구를 만날 거라곤 생각해 본 적이 없어서 신기했다. 나는 내가 돈을 많이 벌 자신도 없고 그쪽으론 관심도 별로 없어서 상대에 대한 경제적 기준이 매우 낮았는데, 그래야 공평할 것 같았다. 그래서 만약 우리가 연애만 할 거라면 데이트 할 때 더치페이가 가능할 정도면 충분하다고 생각했다. 또 혹시라도 결혼하게 된다면 각자 최소 월 200만 원 정도는 벌자고 했는데, 서로 그 정도 벌면서 아끼며 생활하면 '어떻게든 살아지지 않을까?' 하고 막연하게 생각했다. 그러면서 내가 외벌이를 하기는 힘들 것 같으니 꼭 같이 벌어야 한다는 점은 강조했다. 그랬는데, 역시 사람 일은 모를 일이다.

　연애를 시작했을 때 그의 수입은 0원이었고, 사업을 시작하고도 몇 달이 지나도록 마음 편히 피자 한 판 사 먹을 수 있는 3만 원이 그의 일수입 목표였다. 그랬던 그가 이제는 식당에 가서 메뉴판을 보며 "가격을 안 보고 고르기 시작했어"라고 자랑스럽게 내게 말하고, 데이트 비용을 혼자 감당하기 시작했다. 그런 기쁨이 언제까지 이어질지는 알 수 없었지만, 어쨌든 단기간에 일이 그렇게 되니 확실히 비현실적이었다.

예민한 사람들을 위한 **연애 심리학**

이후에도 우리는 사치스럽게 무언가를 사거나 돈이 많이 드는 데이트를 하지는 않았는데, 그저 돈에 구애받지 않고 소소하게 하고 싶은 데이트를 할 수 있어 좋았다. 그리고 사실 내가 더 기뻤던 것은 따로 있었다. 하나는 그가 그때부터 자신을 좀 더 가치 있고 괜찮은 사람으로 바라보게 된 것이고, 또 하나는 다 내 덕분이라며 나에게 고마움을 표현한 것이다, 역시 그는 내면이 참 예쁜 사람이었다. 그래서 나도 진심으로 함께 기뻐하며 여러모로 그의 성장을 더욱 응원하게 되었다.

+ 그런 풍족한 만남이면 충분했어

처음 연애 소식을 친구들에게 알렸을 때
친구들은 반가워하면서도
걱정스러운 눈빛을 함께 보냈어.

당연하지, 나를 위한 현실적인 걱정들.
나이 차이, 경제적 문제에 내 이혼 경력까지.
어떻게 모를 수가 있겠어.

결혼은 힘들지 않겠냐며
결국, 헤어짐이 결론일 거라 했지.

상관없었어.

예의를 지킬 줄 알고,
내 연애의 속도를 존중하고,
듣기 좋은 사랑 표현을 자주 하고,
하나씩 대화로 맞춰가며 배려하는,
그런 사람을 만나고 있었거든.

연애학 개론에 나올 법한 교과서적인 연애!
태어나 처음으로
내가 늘 마음에 품고 있던 이상적인 연애를 하고 있었어.

평생에 잠깐이라 해도 괜찮아. 감사해.
진심으로 그거면 충분해.

"시간이 지나도 우리 관계를 위해 계속 노력할 수 있어요?"
라고 묻는,
나와 결이 같은 네가 좋아.

만약 우리의 끝이 '함께'가 아니라 해도
우리는 서로를 예의 있게 배웅할 수 있을 거란 생각이 들어.

예민한 사람들을 위한 **연애 심리학**

연애 심리학

" 배우자를 선택할 때 고려해야 할 것은 학벌도 아니고, 재산도 아니고, 외모도 아니다. 중요한 것은 좋은 생활습관, 바른 심성, 그리고 성실성이다. 우리는 종종 전자의 요소들에만 주목하기 때문에, 실제 결혼생활을 하다 보면 서로 맞지 않는 경우가 많고, 종종 이를 성격 차이라고 부르기도 한다. 첫 선택 시의 잘못을 인지하지 못하는 것이다. 그러나 이러한 실수를 깨닫지 못하면, 다음 선택에서도 비슷한 실수를 반복할 확률이 높아진다.

PART

3

아지트에서의
6개월

아지트 구하기

연애하는 내내 거의 코로나의 영향권 안에 있었다. 연애를 시작한 지 반년도 채 되지 않아, 갑작스럽게 코로나가 세상을 뒤흔들었다. 접촉으로 인한 전염을 막는 것이 최우선 과제였으므로 직장은 강제 휴무에 들어갔고, 국가는 외출 자제를 권고했지만 사실상 외출 금지와 다름없었다. 여유가 있는 직장으로 이직해 이제 좀 편안하게 연애를 해보나 했건만, 졸지에 만남조차 불가능한 상황이 되어버렸다. 이성적으로는 충분히 이해가 가면서도 감정적으로는 부아가 치밀어 올랐다. 또 뭔지도 모르겠는 그 전염병으로 인해 사망자가 늘어나는 것을 보며 공포심 또한 커져갔다.

강제 휴무 기간이 2주를 지나자 방역을 강화하면서 출근하는 것으로 방침이 바뀌었다. 마스크를 쓴 채 겨우 일터에 출퇴근만 할 수 있을 뿐, 식당이나 카페는 마음대로 갈 수 없었다. 이는 우리가 데이트를 할 장소가 여전히 없다는 것을 의미했다. 일 외의 목적으로는 밖으로 나오지 말라는 압력이 심했고, 개인의 사적인 일정으로 인해 코로나에 걸리게 되면 사람들의 눈초리가 따가웠다. 세계적인 위급 상황 속에서 많은 이들이 코로나로 인해 목숨이 위태로운데, 데이트를 못해서 힘들다는 것은 단순한 투정에 불과하다고 스스로를 논리적으로 설득하려 해도, 내가 처한 불만족스러운 상황에 짜증이 났다. 특히, 자취를 하지 않는 우리 같은 사람들은 어디에서 어떻게 만나야 하는지 알 수 없어 나중에는 화가 나기도 했다.

결국 우리는 최대한 조심하면서 대면 데이트를 이어가기로 했다. 불안감이 컸지만, 계속해서 안 만날 수는 없었다. 그래서 사람들과의 접촉이 가장 적고 오랜 시간 함께 있을 수 있는 장소를 선택했는데, 그곳은 바로 '모텔'이었다. 자금 사정상 고급 호텔까지는 갈 수 없어도, 최대한 깔끔하고 방역에 신경 쓰는 곳을 찾아 데이트 장소로 정했다.

우리는 한 번 만나면 오랜 시간 함께하는 것을 좋아했기에 대실 시간을 연장하거나 두 번 이어서 이용하기도 했다. 밥과 커피는 배달로 해결하고, 방에서 편하게 쉬며 대화를 나누고 놀았다.

또 그는 온라인 유통 사업을 하고 있어 노트북만 있으면 어디서 든 일을 할 수 있었기 때문에 일과 휴식의 병행도 가능했다.

처음에는 모텔이라는 장소가 주는 이미지와 편견 때문에 괜히 찝찝한 마음이 들었지만, 막상 이용해 보니 생각보다 유용하고 편리해서 만족스러웠다. 그래서 한나절 이상 함께할 수 있는 날은 대부분 모텔에서 데이트를 했고, 짧게 만날 수밖에 없는 날은 마스크를 쓴 채 식당이나 카페에서 잠깐씩 얼굴을 마주했다. 그러다 답답함이 길어지면 국내로 여행을 떠났고, 자가용을 타고 목적지에 도착한 후에는 숙소에 머물며 나무늘보처럼 느긋하게 쉬었다.

그러던 중 그의 사업이 성장하기 시작했고, 나 역시 일을 늘리며 수입이 증가해 생활에 여유가 생겼다. 덕분에 데이트의 질이 한층 높아졌다. 그러자 서로의 입에서 자연스럽게 "우리, 아지트 구할까?"라는 질문이 흘러나왔는데, 우리는 명품이나 외제차 같은 고가의 브랜드 물건에는 관심이 없었지만, 언제든지 편안하게 함께 시간을 보낼 수 있는 공간에 대한 열망은 늘 가득했다. 매번 어디에 가서 무엇을 할지 계획하는 것에 피로감을 느꼈고, 외부의 자극에 시달리지 않으며 온전히 데이트를 즐기고 싶었다.

사실 우리는 연애 초반에도 아지트에 관한 이야기를 가끔 나누곤 했다. 두 사람 모두 내향적인 성향이라 밖에서 할 일이 별로 없었고, 장시간 외부에 있으면 피곤했다. 또 데이트 코스가 항상 식당, 카페, 술집, 노래방, 공원 등으로 한정되어 있어 지루함을 느꼈다. 그러나 당시에는 경제적인 여유가 부족했고, 그에 대한 신뢰가 충분히 쌓이지 않아 만약 헤어지게 된다면 물건을 나누고 공간을 정리하는 일도 골치 아플 것 같아 실행에 옮기지는 않았다.

그런데 2년 정도 연애를 하면서 그에 대한 신뢰가 한층 깊어져 이제는 그런 수고로움 정도는 감수할 수 있겠다는 마음이 들었다. 또 만약 헤어지게 된다 하더라도 서로의 안녕을 바라며 성숙하게 이별할 수 있을 것 같았다. 적어도 나는 그랬고, 그도 그러길 바랐다.

그와 상의한 끝에 아지트 장소는 내가 사는 동네에서 버스로 10분 정도 거리에 있는 역세권으로 정했다. 지역이 확정되자 본격적으로 매물을 알아보기 시작했는데, 마음에 드는 방을 찾는 게 생각보다 쉽지 않았다. 우리가 설정한 예산에 맞는 방들은 넓다 싶으면 담배 냄새가 배어 있었고, 쾌적하다 싶으면 너무 좁았다. 어떤 곳은 가파른 언덕길에 위치해 있었고, 또 다른 곳은 1층이라고 해서 갔더니 반지하에 가까운 1층이었다. 아직 늦

예민한 사람들을 위한 **연애 심리학**

더위가 가시지 않은 8월 말의 한낮, 송골송골 맺힌 땀을 흘리며 열심히 여기저기를 돌아다녔지만, 수확은 없었다.

그래서 '다른 날 다시 와보는 게 나으려나?'라는 생각이 커지던 차에, 마침내 그곳을 만났다. 처음 보러 갔을 때부터 '딱 여기다!'라는 느낌이 들었던 그곳은 원룸치고 꽤 넓었고, 심지어 다용도실까지 갖추고 있었다. 창문을 통해 들어오는 햇살은 밝고 따뜻해 공간을 더욱 아늑하게 만들어주었고, 깔끔한 벽지와 장판, 잘 관리된 옵션들이 마음에 들었다. 거기다 위치 또한 매우 좋았는데, 가격까지 합리적이어서 우리는 유레카를 외치며 바로 계약을 진행했다.

동거는 아니고, 온전히 데이트를 위한 공간이었다. 그리고 100% 데이트 용도로 아지트를 구했던 것이 우리에게는 너무나 자연스러워서 그때는 오히려 별생각이 없었는데, 결혼을 하고 사람들과 이에 관한 이야기를 나눌 때마다 '흔하지 않은 일이었구나'라는 생각을 부쩍 하게 되었다. 이는 점차 늘어나고 있는 동거와는 또 다른 개념이었기 때문이다. 만약 그가 동거를 제안했다면, 나는 너무 부담스러워 거절했을 것 같다. 하지만 나의 주거 공간이 따로 있고, 편안하게 데이트할 수 있는 아지트만 추가로 생기는 것은 매우 환영이었다. 만약 나처럼 동거는 부담스럽고, 둘만의 안정적인 공간에서 적당히 따로 또 같이 시간을 보내고 싶다면, 아지트 데이트를 통해 서로에 대해 더 밀도 있게 알아보는 것도 좋은 방법일 것 같다.

연애 심리학

66　　연애는 사람을 변하게 한다. 서로 간의 믿음과 신뢰만 있다면 다양한 방법으로 만날 수 있다. 어떠한 시련이나 방해가 있어도 말이다. 길다면 길고 짧다면 짧은 만남의 시간 동안 서로를 파악하고 소율하는 연습이 필요하다. 서로가 맞출 준비가 되었을 때 비로소 함께할 수 있는 것이다.

슬기로운 아지트 생활

아지트를 구한 시기는 내가 풀타임으로 1년 정도 근무한 후, 다시 주 3일로 근무일수를 조정했을 때여서 그곳에서 보낼 수 있는 시간이 많았다. 출근하지 않는 날에는 하루의 대부분을 그곳에서 보냈고, 출근하는 날에도 퇴근 후 잠깐씩 들러 데이트를 즐겼다. 진짜 잠자는 시간과 출근해서 일하는 시간을 제외하고는 거의 모든 시간을 그곳에 있었던 것 같다.

그러다 보니 낮에 머무르는 용도로 구했다 하더라도 필요한 물건들이 많았다. 그래서 본격적으로 공간을 채우기 시작하고 한 달 정도는 거의 매일 택배가 도착했다. 처음엔 아무것도 없어 바닥에서 밥상 하나만 펴고 밥을 먹다가, 식탁이 와서 의자에 앉아 밥을 먹게 되자 그게 뭐라고 그리도 기뻤다. 이후로 레인지대,

책상, 빨래건조대, 커피 머신 등이 차례로 들어오면서 점차 사람이 지낼 만한 공간에 가까워졌다. 물건을 하나씩 받을 때마다 '살아가는데 필요한 물건이 이렇게나 많았나?'를 새삼 느꼈고, 그 좁은 공간 안에 정말 알차게도 많은 물건을 배치했다.

자잘한 물건들은 내가 정리하고, 조립해야 하는 가구는 그가 맡았다. 무의 공간을 유의 공간으로 변모시키는 일은 힘들었지만, 작업을 하며 그와 나눈 대화와 웃음 덕분에 고단함보다는 행복감이 더 컸다. 또, 물건과 가구를 사고 정리하고 조립하는 과정에서 우리는 서로의 취향과 생활 방식을 자연스럽게 공유할 수 있어 뜻깊었다. 아마 배송이 오래 걸려 가장 늦게 들어온 침대를 끝으로 안락한 공간 꾸미기가 어느 정도 일단락되었던 것 같은데, 개인적으로는 침대가 생기면서 공간의 질이 몇 배는 수직 상승한 것처럼 느껴졌다. 나에게 침대는 누워서 쉬고, 책을 읽고, 영상을 보는 등 가장 활용도가 높은 장소였기 때문이다.

우리는 공간을 채워나가는 동시에, 한 공간에서 불편함 없이 지내기 위한 규칙도 의논하여 정했고, 함께 시간을 보내면서 평화로운 아지트 생활을 위한 나름의 원칙들도 생겨났다.

지금의 살림에 비하면 아무것도 아니지만, 그 작은 공간에서도 쓰레기를 정리하고 청소를 하는 등 최소한의 집안일을 소홀히 할 수는 없었다. 그래서 우리는 어떻게 하면 효율적으로 집안 일을 나눌 수 있을지 고민하며 서로의 역할을 조율해 나갔다. 그런데 의외로 역할 분담이 잘 이루어졌고, 각자가 맡은 일에 대해 책임감을 가지고 임했다.

나는 방 청소, 수건 빨래, 음식 세팅 등 전반적인 살림을 두루 살폈고, 그는 쓰레기 정리, 분리수거, 화장실 청소를 전담했다. 내가 냄새나는 일을 꺼려 하자 그가 기꺼이 그런 일들을 맡아주어, 그의 배려가 고마웠다. 그래서 나머지 자질구레한 일들을 내가 더 많이 하더라도 크게 힘들지 않았다.

그리고 우리는 함께 놀다가도 서로가 하고 싶은 일이 생기면 편안하게 개인 시간을 즐길 수 있어, 오랜 시간을 함께 있어도 부담스럽지 않았다. 나와 그는 서로의 취향과 필요를 존중하며 각자의 시간을 갖는 것이 얼마나 중요한지에 대해 깊이 이해하고 있었다. 특히 나는 같은 공간에 함께 있어도 '나만의 시간(상대를 위해 아무것도 안 해도 되는 시간)'이나 '침묵의 시간'을 무척 중요하게 생각하는데, 그와는 스스럼없이 그런 시간을 가질 수 있어 신기하고 좋았다.

또한, 우리는 서로의 예민함을 인정하고, 상대가 유난히 싫어하는 행동은 의식적으로 피하려고 노력했다. 예를 들어, 소음에 민감한 나를 위해 그는 컴퓨터 작업을 할 때 헤드폰을 쓰거나 소리를 크게 틀지 않도록 신경 썼고, 먼지와 습도에 민감한 그를 위해 나는 환기와 제습에 주의를 기울였다. 그리고 이러한 작은 배려들이 차곡차곡 쌓이며 우리의 관계는 더욱 편안하고 안정적으로 발전해 나갔다.

결과적으로 우리는 아지트에서 함께 하며 서로의 다름에 대해 더욱 깊이 이해하고 존중하게 되었고, 함께하는 시간과 개인적인 시간을 조화롭게 조율할 수 있게 되었다. 덕분에 이 시기의 슬기로운 아지트 생활은 우리에게 평온한 결혼생활의 초석이 되었다.

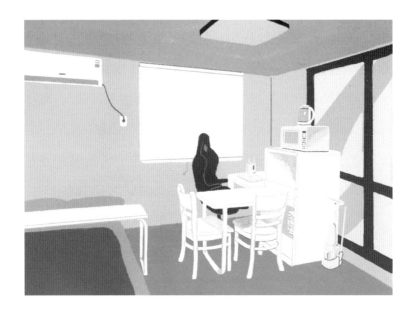

연애 심리학

66   연애를 시작해서 결혼으로 가는 길에는 많은 장애물이 있다. 하지만 서로가 잘할 수 있는 일을 분담하며 함께 생활하고 미래를 준비한다면, 이러한 장애물은 문제가 되지 않을 것이다. 서로가 더 잘할 수 있는 일을 맡으면서 서로를 이해하고 알아가는 과정이 중요하다. 이것이 결혼생활로 나아가는 첫걸음일 듯하다.

결혼 결심

　내가 결혼에 부정적이었던 것에 반해, 그는 연애 초기부터 결혼하자는 이야기를 꾸준히 해왔다.

　그가 처음 결혼 이야기를 꺼낸 것은 우리가 사귄 지 5개월 정도 되었을 때였다. 내가 살던 동네의 카페에서 대화를 나누던 중, 내 기억으로는 큰 맥락 없이 "자기랑 결혼해야겠어"라고 말했다. 결혼과는 전혀 어울리지 않는 상황이라 황당했지만, 그의 진지한 표정에 곧 정신을 차리고 결혼을 하려면 돈이 필요하다는 생각이 들어 그에게 물어보았다. "결혼하려면 돈이 필요한데, 자기가 생각하는 최소 결혼 비용은 얼마야?", "이천만 원", "그럼 이천만 원 먼저 모으고 다시 얘기하자."

나는 그날 집에 들어가서 그와의 결혼에 대해 진지하게 생각해 보려 했다. 그러나 이전 결혼생활의 단편적인 장면들이 머릿속을 스쳐 지나가면서 금세 속이 매스꺼워져 결국 그 생각을 접을 수밖에 없었다. '결혼에 대해 단지 슬쩍 생각해 보려던 것뿐인데 이런다고?'라고 생각하며, 내가 재혼에 대한 마음의 준비가 전혀 되어 있지 않다는 걸 깨달았다.

그다음으로 그가 결혼 이야기를 꺼낸 건 이천만 원을 모은 후의 어느 날이었다. 정확히 기억은 안 나는데 그는 이천만 원을 생각보다 빨리 모았다. 결혼하기에 이천만 원이 턱없이 부족하다는 걸 알았지만, 애초에 내가 그 질문을 한 건 '액수'보다 '태도'에 포커스를 두겠다는 의미였기 때문에 우리는 구체적인 결혼 시기에 대해 이야기를 나누었다.

나는 봄이나 가을의 공휴일을 원했다. 너무 춥거나 덥지 않은 날에 특별한 순간을 맞이하고 싶었다. 또 결혼기념일에는 둘 다 일하지 않고 편안하게 시간을 보내고 싶어 국가가 쉼을 보장하는 날에 하고 싶었다. 앞으로 우리의 직업이나 직장이 바뀔 가능성도 있다고 여겼기 때문에 변수가 적은 공휴일이 가장 안전하다고 생각한 것이다. 그래서 콕 짚어 5월 5일이나 10월 3일(또는 9일)로 날짜를 정하기로 했다. 그렇게 연도보다는 날짜를 먼저 정했고, 연도는 상황을 보면서 맞춰보기로 했다.

이때는 결혼에 대한 생각을 구체적으로 해도 이전처럼 신체화 반응이 나타나지 않았다. 아마도 그동안 그에 대한 신뢰가 많이 쌓인 것 같다고 생각했다.

그리고 그가 세 번째로 결혼 이야기를 꺼낸 건 우리가 아지트를 얻고 나서 얼마 지나지 않은 시점이었다. 그동안 함께 보낸 시간 덕분에 그때쯤에는 나도 결혼에 대한 결심이 어느 정도 선 상태였다. 그래서 그와 결혼 준비에 대해 좀 더 자세히 이야기를 나누고 싶었으나 그리 잘 되지는 않았다. 왜냐하면…

결혼은 마음먹는다고 해서 다음날 뚝딱 할 수 있는 일이 아니다. 장소를 선택하고, 하객 명단을 작성하고, 예산을 세우는 등 고려해야 할 사항이 한두 가지가 아닌 것이다. 그런데 그는 그런 것들은 전혀 안중에 없는지, 결혼식 준비를 굉장히 간단하게 생각하는 것 같았다. 나는 '모든 절차를 생략해도 괜찮은 나와는 달리, 스튜디오 촬영과 결혼식을 꼭 해야겠다고 하는 사람이 대체 왜?'라는 의문이 들며 그의 안일한 태도에 의아함을 느꼈지만, 그와 결혼하겠다는 마음은 이미 굳혀진 상태였다.

그래서 그에게 적어도 6개월 전부터는 준비해야 하니, 원할 때 미리 알려달라고 쿨하게 대처했다. 그랬더니 그 역시도 너무나도 쿨하게 그럼 다음 해 5월 5일에 하자고 했다. 아마 저 대화를 9월 말에서 10월 초 사이에 했던 것 같은데, 10월 3일이나 9일은 아무리 봐도 불가능하니, 그다음으로 도래하는 날짜 중 가장 빠른 날을 말한 것 같았다. 참으로 결정이 빠른 사람이다. 본인은 자꾸 아니라고 주장하며 많이 고민했다고 하지만. 어쨌든 그렇게 해서 우리의 결혼 날짜는 2022년 5월 5일로 정해지게 되었다.

연애 심리학

66 해결해야 할 문제에 대한 남녀 간의 생각은 종종 너무나도 다르다. 특히 결혼이라는 중대사 앞에서는 더욱 그렇다. 예민한 사람이든, 그렇지 않은 사람이든, 결혼을 앞두고는 모두가 고민에 빠지기 마련이다. 이러한 상황에서 중요한 해결책은 대립하지 않고 잠시 물러나 서로의 생각을 정리할 시간을 갖는 것이다. 진정으로 사랑한다면, 해결하지 못할 문제는 없을 것이다.

분노의 여행

언젠가부터 내가 여행을 가자고 하면 그는 마치 의무감에 이끌려 따라오는 것 같은 느낌이 들기 시작했다. 교묘하게도 그 시기가 그가 사업으로 한창 바쁘던 때와 겹쳤기 때문에 처음에는 '일 때문에 정신이 없어서 그런가 보다' 하고 오히려 그를 안타깝게 여겼고, '바쁜 시기가 지나가면 나아지겠지'라는 희망을 품기도 했다. 그러나 여행을 거듭할수록 그 느낌은 줄어들기는커녕 점점 더 커져만 갔다. 그는 여행 내내 일과 관련된 이야기만 하려 하고, 심지어 숙소나 카페에서도 일만 하려는 모습을 보였는데, 그제야 나는 '아, 뭔가 크게 잘못되어가고 있구나'라는 사실을 뒤늦게 인지했다.

하지만 그럼에도 불구하고 '혹시나...?' 하는 희망을 놓지 못한 채 그와 몇 번의 여행을 반복했고, 결국 2021년 10월 말에 떠났던 강릉 여행에서 드디어 그동안 켜켜이 쌓인 나의 불만과 화가 한꺼번에 폭발했다. 당시의 그 여행은 나에게 무척 중요하고 의미가 큰 여행이었다. 오래전부터 미리 계획해 직장에 어렵게 휴가를 내고 정말 오랜만에 떠나는 3박 4일의 나름 긴 여행이자, '그동안 고생한 나를 위한 보상'이라는 개념이 담긴 여행이었기 때문이다.

1년 이상을 주 6일씩 일하다 보니 너무 힘들어 업무 조정을 한차례 했다. 그리고 '이제 좀 쉬어보려나?' 하던 찰나에, 어쩌다 보니 결혼 준비가 시작되었다. 그래서 끊임없이 바쁘고 정신없는 나날들을 보내며 '왜 이렇게 할 게 많지?', '이게 다 무슨 의미지?' 싶어 다 멈추고 싶었던 날들이 많았지만, 그럼에도 그 순간들을 무사히 넘길 수 있었던 건 곧 떠날 여행이 코앞에 있었기 때문이었다. 여행을 기다리며 '그때 맘껏 스트레스 풀지 뭐' 하며 억지로 힘을 짜내 매일매일의 'to do list'를 해나갔고, 떠나는 날이 다가올수록 선선해지는 가을바람을 피부로 느끼며 설렘도 더욱 커져갔다.

하지만 그 여행은 지금 생각해 보면, 떠나기 전부터 문제가 아주 심각하게 있었다. 그는 여행을 언제 어디로 가는지도 기억하지 못할 정도로 여행에 관심이 없었고, 숙소와 식당, 동선까지 모두 내가 계획해야 했다. 심지어 내가 골라 놓은 숙소 예약을 그가 말로만 하겠다고 하고 차일피일 미루는 바람에 원하는 방이 매진되어 기분이 많이 상하는 일도 있었다. 그리고 이는 내가 내 카드로 결제하겠다고 해도 그가 한사코 자신의 카드로 결제해야 한다고 고집을 부리다가 벌어진 일이었기 때문에, 이 사건을 계기로 그는 나와 자신의 결제 비밀번호를 공유하게 되었다.

그럼에도 나는 어쨌든 여행을 하면 스트레스가 어느 정도 풀리는 사람이니까 '이왕 떠나는 거 좋은 마음으로 떠나자'라고 마음먹었고, 그래서 그와 웃으며 서울역에서 만나 기차에 올랐다. 그땐 왠지 기차가 타고 싶어 KTX를 타고 강릉역까지 가서 렌터카를 이용할 계획이었다.

그렇지만 좋았던 마음도 잠시, 도착해 점심을 먹어야 하는 시점부터 여행은 이내 삐걱거리기 시작했다. 미리 찾아둔 식당에 가보니 주차장에 빈자리가 없어 주차할 수 없었는데, 그 상황에서 그가 나와 함께 다른 식당을 찾아볼 생각 같은 건 안중에도 없이 뚱한 눈으로 나만 쳐다보는 바람에 몹시 피곤해졌다. 그래서 일단 숙소로 갔고, 검색도 귀찮고 여행 의욕도 떨어져 배달 가능한 곳에서 대충 피자를 시켰는데 기분 탓인지 맛이 형편없었다. 당연히 우리의 텐션은 계속해서 떨어졌고 이는 여행 내내 이어졌다.

다음날 주문진에서 드라마 〈도깨비〉 촬영지가 보이는 카페에 갔다가 대게를 포장해 와서 먹었을 때도, 그다음 날 안반데기에 방문했을 때도 '그와 함께 하는 여행'에서 '그와 함께 하는 즐거움'은 전혀 느낄 수 없었다. 그는 뭐가 그리 바쁜지 숙소에서는 컴퓨터로, 밖에서는 휴대폰으로 계속 일만 했다. 그리고 맛있는 음식이 없다고 불평만 늘어놓았다.

어렵게 시간을 내어 같이 여행 온 사람에 대한 예의가 아니라는 생각에 무례하다고 느꼈다. 그 정도로 바쁜 상황이었으면 차라리 일 때문에 여행은 어려울 것 같다고 말해줬어야 한다는 생각에 불쾌했다. 휴가를 통째로 도둑맞은 것 같아 분하고 슬펐다. 결국 여행 마지막 날 기분이 너무 나빠져 거의 아무 말 없이 서울까지 왔고, 서울역에서도 냉랭한 분위기로 헤어져 각자 집으로 향했다.

돌아와서 그가 여행에 대해 사과했지만, 내 화는 쉽게 풀리지 않았다. 그동안 쌓인 감정이 한꺼번에 터져 나온 듯, 나는 그와의 여행에서 느낀 실망을 숨길 수 없었다. 나는 결혼 후에도 우리의 여행이 이럴 것이라는 생각에 우울해졌고, 급기야 결혼에 대해 다시 생각해 보게 되었다. 그래서 여행 이틀 후에 예약되어 있던 웨딩홀 상담도 그 혼자 보냈다.

여행 이후 며칠간, 우리는 여행에 관한 이야기를 정말 많이 나누었다. 그는 자신의 행동에 대해 진지하게 반성하는 모습을 보였고, 앞으로 여행을 갈 때 하루에 1시간 이내로 일을 줄이겠다고 약속했다. 그리고 만약 이 약속이 지켜지지 않거나 내 마음이 계속 풀리지 않는다면, 결혼 준비를 모두 마친 뒤에라도 결혼하지 않아도 좋다고 말했다. 그는 항상 자신의 말을 잘 지켰으므로, 나는 이번에도 그의 말을 믿기로 했다. 그래서 일단은 그의 말을 신뢰하며 결혼 준비를 계속 이어나갔다.

연애 심리학

66   전혀 다른 가정에서 20~30년 이상을 살아온 두 사람이 결혼 준비를 하는 과정은 매우 힘든 일이다. 이 과정에서 아쉽게도 이별을 맞이하는 이들도 있고, 이것이 불씨가 되어 결혼 후 이혼을 하기도 한다. 결혼 전에 데이트도 하고, 여행도 다니면서 서로를 알아가는 것은 정말 중요한 일이다. 그 사람의 단점이 눈에 띄더라도, 이를 이해하고 조율할 준비가 되었을 때 비로소 행복한 미래를 상상할 수 있다.

헤어질 결심

　나와 그의 자녀에 대한 생각은 처음부터 완전히 달랐다. 나는 나의 많은 부분을 희생하면서 잘 키울 자신이 없어 아이를 낳지 않겠다는 쪽이었고, 그는 부모가 되는 건 인생의 자연스러운 통과의례라며 자녀와의 교감을 느껴보고 싶어 했다.

　서로의 생각에 대해서는 연애 전부터 알고 있었지만, 그럼에도 연애를 시작했다. 나는 결혼이라는 먼 미래까지 바라보지 않아 시작할 수 있었고, 그는 만나면서 나를 설득할 수 있을 거라는 생각에 시작할 수 있었다. 하지만 나는 사귀다 보니 그가 더 마음에 들어 결혼까지 생각하게 되었고, 그는 그때까지 나를 설득하지 못했다. 그렇기에 자녀계획, 그건 우리가 결혼하려면 반드시 짚고 넘어가야 할 커다란 숙제였다.

그러나 우리는 결혼을 약속하고 결혼 준비를 시작할 때까지도 이 문제에 대해 심각하게 의견을 나누지 않다가, 나중에야 비로소 서로 동상이몽을 꾸고 있다는 사실을 깨달았다. 나는 그가 내 생각을 잘 알고 있으니 결혼을 결심했을 때 아이에 대한 생각은 접은 줄 알았던 반면, 그는 여전히 설득의 가능성에 무게를 두고 자신이 경제적, 정서적으로 충분한 지원을 할 수 있는 능력을 키우게 되면 상황이 괜찮아질 거라 생각했다.

어쨌든 결혼 준비 초입에라도 그 사실을 알게 되어 다행이었다. 나는 내 생각이 변하지 않을 것 같으니 그에게 충분히 고민해 보고 답해달라고 했다. 공교롭게도 며칠 후에 여행이 계획되어 있어 그곳에서 결론을 내기로 했는데, 마침 그 여행은 우리가 서로 알아가던 시절의 풋풋함을 떠올리고 싶어 사귀기 전 처음 함께 간 여행에서 묵었던 숙소를 예약해놓은 여행이었다. 이상한 기분이 들었지만, 그런 의미 있는 장소에서 우리의 관계가 'Go'로 나아갈지, 아니면 'Stop'으로 향할지를 알게 되는 것도 나쁘지 않겠다고 생각했다.

며칠을 괴로운 심정으로 보내고 여행 전날이 되자 그때처럼 마음이 싱숭생숭했다. 그래서 그에게 연락하니 그냥 편안한 마음으로 오라고 했다. 하지만 그때처럼 마음이 나아지지는 않았다.

예민한 사람들을 위한 **연애 심리학**

여행을 떠나 저녁까지는 여느 때와 비슷하게 보냈다. 그러다 저녁이 되자 공기의 톤이 묵직하게 바뀌었다. 이제는 그 이야기를 꺼낼 시간이었다. 이미 와인 세팅도 끝냈다. 내가 할 말은 별로 없었으므로 그의 답을 기다렸다.

처음에 그가 울면서 미안하다고 해서 나는 헤어지는 건가 생각했다. 그런데 그는 '결혼하면 어떻게든 되겠지'라며 자신이 그 문제에 대해 너무 쉽게 생각한 것 같아 미안하다고 했다. 내가 며칠 전 자녀계획에 대해 결혼 전에 정확하게 의견을 맞추고 싶다고 이야기하며, "난 두 번 이혼하기 싫어"라고 말하고 나서야 그게 나에게 얼마나 중요한 부분인지 깨닫게 되었고, 그제야 심각하게 고민하게 되었다고 했다.

그래서 결론은? 그때까지도 나는 그가 어느 쪽인지 몰라서 궁금했다. 결론은, 그는 나와 결혼해야겠다고 했다. 나와 함께 살면서 아이가 없는 게 아쉬울 때도 있겠지만, 그렇다고 내가 아닌 다른 사람과 가정을 꾸리고 아이를 키우며 사는 걸 원하진 않는다고 했다.

안도했다. 옳고 그름의 문제가 아닌 가치관의 차이이기에 '맞출 수 없다면 헤어지는 게 맞다'고 생각하면서도 진짜 헤어지게 될까 봐 두려웠다. 사실 그게 두려워 내가 생각을 고쳐볼까도 여러 번 시도했지만, 상상해 볼수록 도무지 자신이 없어 포기했다. 그렇게 안 좋은 마음으로 아이를 낳는 건 아이에게도 결코 바람직하지 않을 것 같았으니까.

나로선 어쩔 수 없었다지만, 그에게 너무 큰 부분을 포기하게 한 것 같아 지금도 가끔 미안한 감정이 들 때가 있다. 한편으로는 그가 그 선택을 언젠가는 후회하지 않을까 하는 불안한 생각이 스치기도 한다. 아마 우리가 함께하는 한 이러한 복합적인 감정은 계속해서 이어지겠지. 그러나 지금 이 순간들이 그의 인생에서 가장 소중한 기억으로 남도록 애쓰는 것이 내가 할 수 있는 최선의 방법이라 여긴다. 그리고 우리는 서로의 존재로 인해 한층 더 성장하고 있다고 믿기에, 미래에 대한 불안보다는 현재의 행복에 마음을 기울일 것이다.

연애 심리학

66 연인 간의 견해 차이를 극복하는 데 있어 상대방의 마음을 돌릴 수 있는 방법 중 하나는 또 다른 한 사람의 배려심이다. 때로는 한쪽의 양보와 이해가 극단적으로 달려가는 문제를 해결하는 데 중요한 역할을 하기도 한다. 시간이 지나 뒤돌아보면, 한층 더 성장한 두 사람의 모습을 발견하게 될 것이다.

프러포즈

원래는 프러포즈를 받을 생각이 없었다. 번잡한 절차가 귀찮게 느껴져 스튜디오 촬영이나 결혼식도 생략하고 싶었다. TMI를 덧붙이자면, 나는 지난 결혼 때도 스튜디오 촬영과 프러포즈를 모두 건너뛰었다. 하지만 그가 스튜디오 촬영과 결혼식을 꼭 하고 싶다고 해서 준비를 시작했고, 어차피 하는 거 그의 로망을 최대한 실현시켜 주고 싶어 열심히 준비하다 보니, 나도 왠지 프러포즈를 받고 싶은 마음이 생겨버렸다. 그래서 그에게 내 마음을 그대로 말했더니, 그는 "갑자기?"라고 놀라면서도 바쁜 와중에 꽤나 신속하게 준비해 얼마 지나지 않아 곧장 프러포즈를 해주었다. 실행력이 정말 뛰어난 사람이다.

보통 프러포즈는 상대방이 모르게 깜짝 이벤트로 준비하는 게 정석이지만, 그는 그럴 마음이 없었던지 여행을 가는 차 안에서 그날 저녁에 프러포즈를 할 거라고 예고했다. 그리고 그 말을 들은 나는 오히려 좋았는데 갑작스러운 무언가를 워낙에 싫어하기 때문이었다.

사실 그 여행의 본래 목적은 '고기와 술을 마음껏 먹으며 신나게 놀다가 널브러지기'였다. 그래서 나는 그곳을 예약할 때 바비큐장이 객실에 딸려 있는지와 바비큐 기계가 얼마나 고성능인지에 특별히 신경을 썼다. 다행히 사진에서 보던 것만큼 바비큐장과 바비큐 기계가 모두 훌륭해 행사의 시작 전부터 나는 이미 기분이 좋아졌고, 금세 저녁이 되어 마트에서 사 온 고기와 새우를 굽고 된장찌개도 끓여 술과 함께 즐기니 잔뜩 흥이 올랐다. 하지만 내가 신난 데 비해 그는 프러포즈에 대한 생각으로 무척 분주해 보였고, 이내 자긴 이제 준비하러 가야겠다며 나만 남겨두고 방으로 떠났다.

조금 심심해도 노래를 틀어놓고 천천히 맛난 음식들을 음미하니 그 또한 행복이었지만, 문제가 생겼다. 그의 준비 시간이 생각보다 길어져 화장실에 가고 싶어졌는데, 화장실이 방안에 있었던 것이다. 이런. 어쩔 수 없이 바비큐장 문을 두드리며 그에게 상황을 알렸다. 그는 아직 준비가 덜 끝났다며 난감해하더니, 곧 내 눈을 가린 채 화장실로 데려다줬다가 다시 바비큐장으로 데려다줬다. 그렇게 아주 난리 블루스를 춘 후에야 모든 준비가

예민한 사람들을 위한 **연애 심리학**

끝났고, 드디어 방으로 들어갈 수 있었다.

눈앞에 펼쳐진 프러포즈 길이 노란빛으로 참 예뻐서 그가 급한 와중에도 정성을 다해 준비한 것 같아 기분이 좋았다. 그리고 그는 미리 써 온 편지를 읽어주었는데, 짧지만 꾹꾹 눌러 담은 진심이 느껴져 흥이 오른 상태에서도 울컥했다.

〈나에게 새 인생을 선물해 준 자기에게 보내는 편지〉

자기를 생각하면 항상 먼저 떠오르는 말인 것 같아. "고마워."

자기와의 만남으로 인해 내가 생각만으로 가지고 있던 삶을 하나둘씩 실천할 수 있는 힘을 많이 얻은 것 같아.

나는 그래서 내 인생을 바꿔준 자기에게 항상 빚진 것 같은 기분을 가지고 살아가는 것 같아.

항상 고마운 것들이 많거든.

자기가 불안하다고 감정이 안 좋다고 할 때에도 나는 그러한 마음을 가지고 있어서 자기에게는 내가 그 순간에 할 수 있는 최선을 다하는 것 같아.

아직도 내가 받은 것에 비해 많이 못 돌려주고 있는 것 같아서 내가 고마운 만큼 돌려줄 수 있는 사람이 되어보려고 해.

내가 갚을 수 있도록 평생 함께해 줘. 사랑해.

나는 요즘에도 이 편지를 가끔씩 읽곤 하는데, 투박하지만 절절한 사랑이 느껴져 언제 읽어도 마음이 뭉클하고 따뜻해진다.
그에게는 갑작스러운 날벼락이었겠지만, 프러포즈 해달라고 하
길 정말 잘한 것 같다.

연애 심리학

66 　　　마음속에 간직한 사랑한다는 감정을 가끔은 말로 듣고 싶고, 행동
으로 보고 싶고, 선물로 받고 싶은 것이 사람의 마음이다. 때때로 사랑하는 이
에게 진심 어린 편지를 써보자. 그렇게 마음을 전하는 것이다.

커리어와 마음 챙김

2019년 초에 시작된 나의 번아웃은 2020년 1월부터 주 3일만 일하는 프리랜서로 전향하면서 많이 나아졌다가, 같은 해 여름에 다시 욕심을 내어 주 5일로 일하기 시작하자 몇 달 만에 도로 나타났다. 그래서 혹시 다시 일을 줄이면 괜찮을까 싶어 주 3일로 줄여보았지만, 증상은 이전과 다르게 전혀 줄어들지 않았고, 오히려 나날이 심해져 마침내 내 멘탈을 잠식하기에 이르렀다.

쉬는 날 좋아하는 활동 즐기기(거의 여행), 운동하기(주로 산책), 아무것도 안 하기 등 번아웃에 좋다는 전문가들의 조언을 따라보고, 정신건강의학과를 방문해 약의 도움도 받아봤지만 아무 소용이 없었다. 아마도 '일을 안 하는 상태'를 만드는 것만이 근본적인 해결책인 듯했다. 그래서 나는 또다시 퇴사를 고민하게 되었다.

그리고 내가 일로 점점 더 힘들어지던 그때, 그의 온라인 유통 사업은 계속해서 성장하고 있었다. 그러다 보니 그가 혼자 모든 업무를 감당하기가 어려워져 간단한 일은 나도 조금씩 도와주기 시작했는데, 그는 그게 좋았던지 내가 언제든(가능한 빨리) 퇴사하고 자신과 본격적으로 같이 일하기를 바라는 뜻을 자주 내비쳤다.

그래서 나는 내 번아웃의 원인에 대해 깊이 따져보면서 퇴사에 대해 더 진지하게 고민하기 시작했다. 번아웃의 정확한 원인을 하나로 콕 집기는 어려웠다. 10년 이상 거의 공백 없이 일하며 서서히 쌓여온 피로의 크기가 일하면서 느낀 보람의 크기를 넘어섰다. 또 경력이 쌓이면서 대우는 좋아졌지만, 내가 느끼기에 그보다 훨씬 더 가파르게 기대치 역시 높아졌다. 스스로도 성과에 관해 강박적이라 느껴질 만큼 욕심을 냈다. 부담이 압박이 됐고, 쉴 때조차 마음의 여유를 찾을 수 없었다. 주 6일을 아침부터 저녁까지 일하면서도 피곤함보다 뿌듯함이 훨씬 커 즐겁게 일하던 예전의 내 모습이 아주 먼 과거에 있었던 일처럼 아득했다.

결국 고민 끝에 내린 결론은, 나는 일과의 싸움에서 완전히 져버렸다는 것. 그럼에도 불구하고 하던 일에 대한 애정이 아직 남아 있고, 번아웃에 의해 쫓기듯 하는 비자발적 퇴사는 하고

예민한 사람들을 위한 **연애 심리학**

싶지 않아 망설이고 있었다. 하지만 무조건 일을 유지하는 것만이 능사는 아닌 듯했고, 오히려 완전히 새로운 업무를 통해서 환기를 하는 게 더 나을지도 몰랐다. 게다가 그때는 우리가 막 결혼 준비를 시작하던 시기여서 퇴사를 하고 여유롭게 결혼 준비를 하는 것도 괜찮겠다는 생각이 들었다. 그래서 결국 2021년 말, 나는 2년 만에 다시 한번 퇴사를 감행했다.

퇴사하고는 그와 아지트에서 오전부터 밤까지 거의 모든 시간을 함께 보냈다. 그곳에서 함께 일하고, 결혼 준비를 하고, 데이트를 하고, 밥을 먹고, 편하게 쉬며 참 행복했다. 그리고 서로에 대해서도 더 많이 알아갈 수 있어 좋았다. 그러는 사이 퇴사에 대해 남아있던 찝찝한 마음이 모두 사라졌고, 나는 퇴사를 정말 잘한 결정이라고 확신하게 되었다.

연애 심리학

66 사랑하게 되면 상대방에게 의지하고 싶어진다. 내 마음이 지쳤을 때 의지의 손길을 찾게 되는 것이다. 반대로, 상대방이 힘들 땐 내가 의지하고 싶어지는 사람이 되면 된다. 서로가 힘든 순간에 의지할 수 있는 사이가 진정한 부부가 되는 길이다. 그렇게 연애의 시절을 지나 결혼의 시절로 가는 것이다.

28

훅 들어온 신혼집

2021년 가을부터 결혼 준비를 시작했다. 우선 웨딩 페어에 가서 스드메('스튜디오, 드레스, 메이크업'의 줄임말)를 예약했고, 다음으로 커스텀 반지 제작 전문 업체에서 결혼반지를 맞췄다. 그리고 여기까지는 순조롭게 진행되었으나, 웨딩홀을 예약해야 하는 다음 과정에서 나는 큰 고뇌에 빠졌다.

그는 한결같이 "〈어바웃 타임〉에 나오는 결혼식 느낌이면 좋겠어"라고 자신의 결혼식 로망에 대해 자주 말해왔는데, 영화 〈어바웃 타임〉에 나오는 결혼식을 한마디로 표현하자면 '모두가 함께 즐기는' 결혼식이었다. 그는 우리가 부부가 되는 것을 진심으로 축하해 줄 소수의 가족, 친지, 친구들을 초대해 자연스럽고 편안한 분위기에서 진행되는 작은 파티 같은 결혼식을 원했다.

심지어 야외 결혼식 중 갑작스레 쏟아지는 비를 피하는 장면조차도 낭만적으로 느껴질 그런 결혼식을 꿈꾸었다. 물론 난 그런 식의 낭만은 절대 사절이었으므로 야외 웨딩홀은 무조건, 단호하게 안 된다고 했다.

하지만 그러면서도 나는 그의 이상을 최대한 이루어주고 싶어 서울과 경기에 있는 모든 스몰 웨딩홀을 하나하나 살펴보며 샅샅이 뒤졌다. 물론 온라인으로. 정보의 바다, 인터넷 만세! 그런 후 내가 찾은 장소들과 웨딩플래너에게 받은 정보들을 눈이 빨개질 정도로 꼼꼼하게 비교한 끝에서야 겨우 몇 군데를 추려 견적을 받았다. 이 과정을 직장에 다니면서 시간에 쫓기며 하느라 정말 힘들었는데, 다행히 마음속 1순위로 생각했던 곳이 가격 면에서도 가장 마음에 들어 비교적 쉽게 최종 결정을 내리게 되어 한시름 놓을 수 있었다.

그리고 여기까지 준비하며 너무 진이 빠져버려 어쩔 수 없이 결혼 준비를 잠시 보류하고 퇴사를 기다렸다. 퇴사를 기다릴 때는 시간이 달팽이 걸음처럼 느릿느릿 흐르더니, 퇴사를 하고 마음의 여유가 생기자 그 후에는 거짓말처럼 쏜살같이 지나가 곧 새해가 밝았다. 그래서 나는 새해와 어울리는 설레고 활기찬 기분으로 다시 결혼 준비에 전념할 수 있었다.

먼저 그간의 진행 상황을 확인했다. 일과 병행하며 나름 고군분투했음에도 불구하고, 결혼을 위한 수많은 준비 항목 중 결혼식 약 4개월 전인 2021년까지 완료된 건 달랑 4개뿐이었다. 스드메 예약, 결혼반지 맞춤, 웨딩홀 예약, 그리고 프러포즈(?). 그래서 2022년 1월부터는 경각심을 가지고 정말 부지런히 움직였다.

그런데! 웨딩드레스 투어, 신랑 예복 맞춤, 청첩장 제작까지 마쳤을 무렵, 아마도 1월 말쯤, 그가 갑자기 빨리 집을 구해서 이사하고 싶다고 말했다. 이게 대체 무슨 말인가! 집을 알아보는 건 내가 계획을 세워서 하기로 되어 있었는데, 갑자기 이사를 하고 싶다니? 혹시나 싶어 계획이 있는지 물어봤지만, 역시나 그는 말 그대로 당장 이사가 하고 싶을 뿐 집에 대한 구체적인 아이디어는 전혀 없었다. 고로 '이사를 하고 싶다＝집을 얼른 구해 주겠니?'가 되어버려 나는 몹시 당황스러웠다.

하지만 당시는 '결혼 방식에 대해 그와 부모님 간의 의견 불일치'라는 수긍할 만한 이유가 생긴 시점이었고, 나는 평소에 그에게 가족들과의 여러 사연에 대해서도 자주 들었던 터라 그의 말에 무조건 안 된다고 하기는 어려웠다. 그래서 우리 부모님께 그런 상황을 말씀드리는 것이 솔직히 많이 부담스러웠지만, 결국 그러자고 했다.

이러한 연유로 신혼집에 대한 원래의 계획이 급히 수정되었다. 2월 말부터 3월까지 발품을 팔아 전세 계약을 체결한 후, 4월에 이사와 집 꾸미기를 할 예정이었으나, 가능한 빨리 이사를 앞당기기로 했다. 이렇게 계획이 변경되면서 신혼집 준비는 예상보다 빠르게 진행되었다.

전세를 얻을 생각으로, 그의 업무에 최적화된 지역을 몇 군데 추린 다음 비용에 맞는 매물을 부동산 플랫폼을 통해 검색했다. 그리고 적당한 매물을 가진 부동산 3~4군데에 연락해 약속을 잡았다. 실제로 봤는데 마음에 드는 매물이 없을 경우 발품을 더 팔아볼 의향도 당연히 있었다.

그런데 그는 첫 번째 부동산에서 보여준 첫 번째 매물의 테라스를 보고 마음에 든다며 계약하고 싶다고 했고, 내가 일단 몇 군데 더 보고 결정하자고 말해서 보게 된 두 번째 매물에 꽂혀 여기가 내 집인 것 같다며 당장 계약을 하자고 했다. 나도 집 자체는 마음에 들었지만, 잘 모르는 지역이고 우리가 생각한 예산을 초과했으며 전세는 안 되고 매매만 가능하다고 해서 그렇게 덜컥 계약하는 건 안 된다고 했다. 신축 건물이고 아직 미분양이 많아 고민할 시간도 충분한 매물이었다.

하지만 돌아오는 길에 그가 그 집을 벌써 너무 그리워하는 듯해서, 나는 집에 오자마자 네OO 지도를 보며 주변 인프라를 살피고 여러 검색을 통해 지역 개발 계획과 주변 시세 및 각종 정보를 알아봤다. 다행인 건지 적어도 내가 찾아볼 수 있는 선에서는 나쁘지 않았다. 하지만 그래도 불안한 마음이 사라지지는 않아 그날 밤 통화를 하며 그에게 예정보다 늘어난 대출금을 정말 잘 갚아나갈 수 있겠느냐고 다시 한번 확인했다. 그는 자신 있다고 확답했고, 우리는 다음날 계약을 했다. 돌이켜 생각해 봐도 계획형 인간인 나에게 그 결정은 엄청나게 성급한 선택이고 모험이었는데, 아마도 그를 많이 사랑하기 때문에 그럴 수 있었던 것 같다.

계약을 하며 부동산 매매도 대출도 처음이라 긴장이 많이 됐다. 하지만 감사하게도 모든 과정이 순탄하게 흘러 우리는 3월 중순에 무사히 신혼집으로 이사할 수 있었다. 이사를 하고 기분이 묘했는데, '온전한 내 집'이란 생각에 뭉클하면서도 아직 낯선 공간이라 내 집 같지 않고 어색했다. 드디어 우리의 진정한 한집살이가 시작되는 감격스러운 순간이었다.

연애 심리학

66 인생은 계획대로 흘러가지 않는 것 같다. 과거를 돌이켜봐도 계획대로 된 것은 별로 없다. 모든 것이 우연처럼, 실수처럼, 인연처럼 다가오는 것 같다. 아무리 철저히 계획을 세워도, 안 되는 것은 결국 안 된다. 반면, 계획을 세우지 않아도 될 일은 된다.

예민한 사람들을 위한 **연애 심리학**

안녕, 우리의 행복한 아지트

신혼집으로 이사 가기 전날까지도 아지트에서 데이트를 했다. 다음 날에 나는 먼저 신혼집으로 가서 잔금을 치르며 계약을 매듭짓고 그곳의 이사는 그가 맡기로 해서, 나에게는 실상 그날이 아지트에서의 마지막 날이었는데, 그래서 그곳의 문을 닫고 나서는 순간 가슴 한편에 진한 먹먹함이 몰려왔다.

집으로 돌아와 침대에 누워 천장을 바라보니, 아지트에서의 행복했던 기억들이 주마등처럼 스쳐 지나갔다. 함께할 공간을 같이 보러 다니면서 설렜고, 함께 쓸 물건들을 고르면서 즐거웠다. 작은 공간에 필요한 것들을 옹기종기 채워 넣으려니 고민도 많고 정리가 고되기도 했지만, 그 모든 과정이 진짜 행복했다.

그렇게 우리만의 스타일로 함께 만든 공간에서 좋은 일들이 참 많았다. 그의 생일을 맞아 함께 근처 쇼핑몰에 가서 우리의 취향에 맞는 연회색 커플 집업을 샀고, 아지트로 돌아와 케이크에 초는 안 켰지만 맛있는 음식을 먹으며 그의 생일을 축하했다. 조촐하지만 소중한 둘만의 생일을 보냈고, 그때 산 집업은 몇 년이 지난 지금까지도 여전히 커플룩으로 잘 입고 있다.

눈이 펑펑 내리는 날에는 식탁 의자에 앉아 창문을 바라보며 시간 가는 줄 모르고 눈 구경을 했다. 내가 제일 좋아하는 네스프레소의 비엔나 룽고 커피를 한 잔 내리고, 적당한 음량으로 박효신의 〈눈의 꽃〉을 튼 다음, 후~ 불어가며 뜨거운 아메리카노를 한 모금씩 마시며 하염없이 쏟아지는 함박눈을 보고 있으면 마음속 깊은 곳에서 평화를 느꼈다.

그는 내가 출근한 사이에 추위를 많이 타는 나를 위해 창문에 문풍지를 붙였고, 외풍이 심한 화장실에 주인아저씨께 허락을 받고 드릴을 빌려 난방 기구를 달았다. 그의 친구들이 놀러와 반갑게 인사를 나눴고, 내 생일엔 그가 큰맘을 먹고 최신형 빔프로젝터를 선물했다. 정말 하나하나가 모두 잊지 못할 추억이었다.

또, 거기에서 6개월 정도 데이트를 하면서 그와의 결혼에 대해서도 긍정적인 생각이 커졌다. 이전에도 언급했듯이, 나는 한 번의 결혼 실패 후 스스로를 결혼과는 맞지 않는 유형의 사람이라고 판단해 재혼에 대해 부정적인 시각을 가지고 있었는데, 그와 아지트에서 함께 시간을 보내며 그 생각에 변화가 생겼다. 필수적인 집안일에 대해 역할 분담이 잘 되었고, 같이 놀다가도 서로 하고 싶은 게 있으면 각자의 시간을 편안하게 보낼 수 있어 오랜 시간 같이 있어도 불편하지 않았기 때문이다. 그래서 그곳에서 우리는 평화롭게 살기 위해 필요한 생활 규칙들을 함께 만들어 나가며, 차곡차곡 결혼 준비를 해나갔다.

기분 좋은 추억들이 입가에 미소를 번지게 하는 사이 밤은 깊어갔고, 나는 아지트에게 마지막 인사를 건네며 너무 늦지 않게 잠을 청했다. '그동안 고마웠어. 안녕, 우리의 행복한 아지트!'

우리는 지금도 가끔 아지트를 떠올리며 "그때 정말 좋았었는데"라고 말한다. 그는 아지트에서 데이트하던 시절이 지금의 진짜 신혼집으로 이사와 둘이 완전히 같이 살게 된 때보다 자신에게는 더 '신혼'처럼 느껴진다고 했다. 또, 비록 그 정도는 아니지만, 나에게도 그곳은 좋은 기억들이 가득한 장소로 평생 잊지 못할 것 같다. 아지트는 단순한 공간을 넘어, 우리 둘만의 특별한 세상이었고, 그곳에서 나눈 모든 순간이 우리의 신뢰를 더욱 깊게 만들어주었다. 그곳에서 함께 꿈꾸었던 미래들이 하나씩

현실이 되어가고 있는 지금, 그 시절의 설렘을 간직하며 지금의
우리를 더욱 아름다운 그림으로 그려 나가고 싶다.

연애 심리학

66　　각자의 삶에서 둘의 삶이 되고 매일 함께하는 사이가 되는 것
이 많은 연인들이 꿈꾸는 최종 목표이다. 우리는 이를 결혼이라는 사회적
제도로 표현한다. 결혼은 사랑하는 사람과 매일 함께할 수 있는 기회를
제공하기에 특별한 의미를 지닌다. 매일 같이 밥을 먹고, 커피를 마시고,
영화를 보고, 잠을 자는 등 일상의 소소한 순간들을 공유하는 건 분명 행
복한 일이다.

PART

4

매일 완성해가는
부부의 세계

작고 소중한 결혼식

신혼집으로 이사를 하고는 미처 집과 친해질 새도 없이 무척 바빴다. 가구를 받으며 가전을 설치하고, 택배를 받고, 물건을 정리하는 등 신혼집 꾸미기에 매진하는 동시에, 스튜디오 앨범 사진 선택, 결혼식 사전 미팅을 포함한 결혼 준비도 병행해야 했다. 그리고 그렇게 정신없이 해야 할 일들을 하나하나 해나가다 보니 어느새 결혼식이 코앞으로 다가와 있었다.

2022년 5월 5일, 결혼식 날이 되어 아침 일찍 눈을 떴다. 결혼식이 오후 4시라 여유롭게 준비할 수 있을 줄 알았는데, 헤어와 메이크업 예약이 생각보다 이른 시간에 잡혀 있었다. 그래서 졸린 눈으로 헤어숍에 도착하자, 안내에 따라 여러 자리를 옮겨다니며 헤어와 메이크업을 받는 과정이 시작되었다. 낯선 공간에서의 정성스러운 손길에 마치 다른 세상에 온 듯 정신이 몽롱했고, 주변의 신부들은 '얼마나 예뻐질까?'라는 설렘으로 가득 찬 모습이었다면, 평소 화장기 없는 내 얼굴에 익숙한 나는 '이 모든 과정이 왜 필요할까?'라는 의문을 가지며 시간이 빨리 흐르기만을 기다렸다.

그랬는데, 모든 과정이 끝나고 거울 속의 변화된 내 모습을 마주한 순간, 나는 놀라움을 금치 못했다. 마치 나비가 번데기에서 깨어나듯 평범했던 내가 화려한 나비가 된 것 같았다. 그래서 순간적으로 예민한 피부 때문에 피부 트러블이 잠깐 걱정되긴 했지만, 인생의 몇 없는 중요한 날이니 그 정도는 이해해 주기로 하며 선생님들의 노고에 무한한 감사를 전했다.

숍을 나와 변신한 자태가 망가지지 않도록 조심조심 차에 올라 결혼식장으로 향했고, 식장에 도착하니 사진작가님이 기다리고 계셨다. 우리는 그의 지시에 따라 웨딩홀 안팎을 이리저리 옮겨 다니며 결혼 앨범에 담을 사진을 찍었는데, 헤어숍에서의 시간이 '지루함'이었다면, 사진 촬영의 시간은 '진 빠짐' 그 자체였다. 작가님의 열정에 압도되어 로봇처럼 포즈를 취하다 보니, 정작 나와 그의 얼굴에서는 웃음기가 점점 사라져갔고, 끊임없이 이어지는 요구에 나중엔 이 사진이 누구를 위한 것인지조차 헷갈렸다. 평생 찍을 사진을 다 찍은 것만 같은 피로감이 우리를 짓눌렀고, 스트레스가 너무 심해져 이러다가는 본식도 하기 전에 쓰러질 것만 같았다.

결국, 나보다 인내심의 한계가 빨리 온 그가 더 이상의 사진 촬영을 거부하고 나서야 사진 촬영의 고된 시간이 끝났고, 덕분에 신부대기실에서 잠시 휴식을 취하며 에너지를 충전하고 소중한 손님들을 맞이하며 반가운 시간을 보낼 수 있었다. 하하 호호 웃으며 축하를 받고 간단한 담소를 나누다 보니 예식 시간이 언제 다가왔는지도 모를 만큼 즐거웠다.

앞서 그가 원하는 '모두가 함께 즐기는' 결혼식에 대한 이야기를 잠깐 했는데, 그런 분위기의 결혼식을 만들기 위해 우리는 많은 고민을 했다. 결혼식을 단순한 의식이 아닌, 소중한 사람들과 함께하는 파티로 만들고 싶었다. 그래서 일반적인 결혼식과는 다르게 여유롭게 즐길 수 있도록 4시간 동안 웨딩홀을 대관했고, 1시간은 사진 촬영과 하객 맞이, 1시간은 예식, 그리고 나머지 2시간은 식사와 담소를 나누는 시간으로 구성했다. 더불어 자연스러운 대화를 돕고자 하는 마음을 담아 산뜻한 화이트와인도 직접 구매해 따로 준비했다.

또, 우리는 주례 없는 결혼식을 준비했다. 전문 MC를 섭외해 사전 미팅을 통해 우리만의 콘셉트를 잡은 다음, 그에 맞춰 자유로운 분위기의 결혼식을 연출했다. 그리고 정말 초대하고 싶은 소중한 사람들에게만 결혼식을 알렸기 때문에 축의금 테이블은 따로 마련하지 않았다.

양가 부모님의 참석 여부도 우리에게는 큰 고민이었다. 원래는 참석을 생각했는데, 결혼식 전 그가 부모님과 절연하면서 시부모님이 자연스럽게 참석하지 못하게 되셨다. 이로 인해 상황이 복잡해졌고, 오랜 고민 끝에 우리 부모님도 부모님 석에 본인들만 앉는 것은 민망하다며 불참 의사를 밝히셨다. 결혼식을 보고 싶어 하셨던 부모님께 죄송한 마음이 들었지만 어쩔 수 없었고, 결국 우리의 결혼식에 양가 부모님께서는 모두 함께하지 않는 걸로 결정되었다.

하지만 사전에 아무리 고민을 했어도, 일반 결혼식과 방식도 다르고 시간도 길어 하객들이 불편해할까 봐 결혼식을 하는 순간까지도 걱정이 되었다. 그런데 그건 완전한 기우였다. 웨딩홀에 하객들이 도착하기 시작하자 예식과 식사 시간이 정말 눈 깜짝할 사이에 지나가버린 것이다. 대관 시간이 끝날 때까지 하객들은 거의 떠나지 않고 서로 이야기꽃을 피우며 파티를 즐겼고, 나와 그도 각자 반가운 얼굴들과 자리를 함께하며 최고의 시간을 보냈다. '영화 속 장면이 실제로 펼쳐진 걸까?'라는 착각이 들 정도였다.

결혼식을 마치고 신혼집으로 돌아와 한숨을 돌리고 나서야 비로소 우리가 부부가 되었다는 사실이 실감 나기 시작했다. 결혼식의 정신없는 순간들 속에서 놓치고 있었던 현실을 신혼집에서 다시 마주했고, 하루의 모든 일이 파노라마처럼 스쳐 지나가며 새로운 자서전의 첫 페이지를 여는 것 같았다. 그리고 나는 그 페이지들을 기분 좋은 이야기들로 가득 채워 나가고 싶다고 생각했다.

그는 지금도 가끔 결혼식에 관한 이야기가 나오면 "내가 딱 원했던 결혼식이었어"라고 말하며 그 순간이 더할 나위 없이 행복했다고 회상한다. 부모님께도 나중에 동영상으로 보여드렸더니 너무 좋아하셔서 괜히 내가 더 울컥했다. 그래서 나는 비록 준비하면서는 힘들었지만, 결혼식 준비를 잘한 것 같아 앞으로 결혼식에 대해 떠올릴 때마다 평생 뿌듯하고 행복할 것 같다.

연애 심리학

66 다수의 사람이 하는 것이 모두 옳다고는 볼 수 없다. 그렇다고 틀렸다고도 볼 수 없다. 중요한 것은 바로 '나'와 '사랑하는 사람'이 함께 만들어가는 '우리'만의 순간이다. 그 순간은 다시 오지 않을 소중한 시간이기에, 다수의 사람에게 실례가 되지 않는 선에서 사랑하는 사람과 함께 새롭게 만드는 시간은 평생의 가장 좋은 기억으로 남을 것이다. 아주 특별한 날인만큼 모든 것을 두 사람의 기준으로 준비하는 것도 아름다운 추억을 만드는 것이 아닐까?

집순이와 집돌이의 한집 살이

우리 부부는 대부분의 시간을 집에서 보낸다. 그는 집에서 자신의 사업과 아웃소싱 업무를 병행하며 아주 가끔씩만 외부에서 일을 처리하고, 나는 집에서 주로 일하는 프리랜서로 일주일에 하루, 이틀만 잠깐 일터에 방문해 필요한 일을 처리한다. 또, 그는 개인 약속이 한 달에 한 번 정도로 거의 없고, 나도 그보다는 많지만 뭐 대동소이하다.

그래서 우리는 거의 24시간을 한집에서 함께 생활한다. 그걸로도 모자라 커피를 사러 가거나 병원에 가거나 하는 개인 일정도 함께하는 경우가 많은데, 특히 결혼 후 2년 동안은 내가 일에서 휴식기를 가지면서 더욱 자주 같이 다녔다. 거기에 내가 먼저가입한 독서 모임에 그도 가입해 함께 활동했고, 내가 먼저 시작한 '에세이 쓰기' 모임에도 지금까지 꾸준히 같이 나가고 있다.

그래서일까? 우리를 아는 사람들 대부분이 한 번쯤은 꼭 이 질문을 했던 것 같다, "그렇게 하루 종일 같이 있으면서 괜찮아? 안 싸워?" 답을 먼저 하자면, 그 이유로 싸운 적은 지금까지 한 번도 없다. 왜냐하면, 우리는 각자가 맡은 집안일을 성실히 수행하면서 집안 내에서 서로의 생활을 충분히 존중해 주고 있기 때문이다.

우리는 각자가 더 잘하는 걸 맡아서 가정을 운영하고 있다. '개인플레이'가 아닌 '파트너십'으로! 칼같이 딱 나눠서 자신의 영역만 신경 쓰겠다는 의미는 아니고, 각자가 더 잘하는 영역에서 책임을 더 많이 지고 역할을 더 많이 수행하자는 의미가 크다. 자연스럽게 각각의 영역에서 한 명은 '리더', 다른 한 명은 '보조자'가 되고, 우리는 그렇게 '한 팀'이 된다.

'한 팀'이라는 말은 따스해서 참 듣기가 좋지만, '책임감'과 '파트너십'이 없는 팀은 건강하게 유지되지 못한다. 그래서 우리는 연애 초기부터 합리적이고 공정한 '파트너십'에 대해 많은 이야기를 나누었고, 함께하는 마지막 순간까지 '서로에게 이로울 수 있는 파트너'가 되도록 노력하자고 다짐했다. 더불어 시간이 지나면서 익숙해졌다는 이유로 아무런 노력도 하지 않는 관계는 지양하기로 했다.

연애하면서 틈틈이 대화를 많이 하기도 했지만, 연애의 막바지에 아지트에서 데이트한 것이 집안일에서의 역할 분담에 가장 큰 도움이 됐다. 서로 "이건 좋고 그건 싫어!"라고 말하며 작은 일부터 함께 맞춰나가다 보니 역할이 마땅하게 어느 정도 분담되었고, 이는 신혼집으로 이사를 온 후에도 대부분 이어졌다. 미리 정해진 규칙 덕분에 의견을 조율해야 하는 부분이 현저히 줄어들었다. 그래도 이사 직후엔 각자 자신의 주 영역에 더 몰두하다 보니 몇 번 의견이 부딪히는 일이 있기는 했다. 뭐, 당연하지 않겠는가.

역할 분담의 큰 틀은 이렇다. 나는 설거지와 음식물 관리, 세탁 및 세탁물 관리, 청소와 정리 전반, 살림에 필요한 소모품 관리를 맡고 있다. 그리고 그는 화장실 청소, 쓰레기 및 재활용품 관리, 음식물 쓰레기 처리, 운전 및 자동차 관리를 맡고 있다.

나는 내가 사는 공간이 깨끗해지는 과정을 보는 것과 깨끗해진 공간을 보는 것을 모두 좋아한다. 그래서 청소와 정리를 즐기고, 설거지를 하면서 점점 본연의 색을 되찾아가는 그릇들을 보는 것도 기쁘다. 요즘은 식기세척기에게 잔잔한 설거지를 거의 다 맡기긴 하지만. 그리고 무엇보다 내가 가장 좋아하는 일은 옷 감에 맞춰 세탁기와 건조기를 돌리고, 건조기에서 갓 나온 옷들을 개켜서 정해진 위치에 정리하는 것인데, 내가 원하는 방식으로 옷을 개면서 그 옷에서 풍겨 나오는 포근한 향기를 맡으면 기분이 한층 좋아진다.

하지만 화장실 청소나 쓰레기 처리, 특히 음식물 쓰레기와 싱크대 배수구 청소처럼 나쁜 냄새가 나거나 오염에 대한 불안이 느껴지는 일들은 하기가 어렵다. 아마도 오염에 대한 강박 때문인 것 같다. 반면에 그는 내가 힘들어하는 그런 작업보다 빨래나 설거지 같은 일들이 더 싫다고 해서 나는 조금 덜 미안한 마음으로 내가 꺼리는 일들을 그에게 맡길 수 있었다.

그러면 누구의 역할 분담에도 없는 요리는 누가 하는 걸까? 결론적으로, 요리는 두 사람 모두 하지 않는다. 주로 외식이나 배달 음식을 이용하고, 집에서는 아주 간단한 조리 정도만 가끔 한다. 나는 손에 음식 재료가 묻거나 옷에 기름이 튀는 것이 싫고, 요리하는 시간 자체가 무척 지루하게 느껴져서 아주 오래전부터 요리를 싫어했다. 한편 그는 요리를 싫어하진 않아 신혼 초에는 삼겹살과 새우를 구우며 가끔 요리를 하기도 했지만, 그런 요리는 한 번 하고 나면 창문을 다 열어도 완전히 환기가 되기까지 꽤 오랜 시간이 걸린다는 치명적인 단점이 있었다. 그리고 나는 요리는커녕 음식 냄새를 오래 맡기만 해도 두통이 올 정도로 컨디션이 나빠지는 사람이어서, 요리는 언젠가 부엌과 다른 생활공간이 완전히 분리된 곳에서 살게 되면 하든지 말든지 하고, 일단 이 집에 사는 동안은 웬만하면 하지 않기로 했다.

그가 나만큼이나 자신에게 주어진 집안일을 아무 불평 없이 해서 처음에 정말 신기했던 기억이 난다. 나는 이 세상에 나 말고 그런 사람이 또 있을 거라는 기대가 전혀 없었다. 학교나 회사같이 공적인 곳에서는 맡은 일을 문제없이 처리해도 집에서는 그렇게 안 하는 사람이 태반인 걸 알고 있기 때문이었다. 그래서 외부에서 책임감 있어 보이는 사람이 집에서도 그럴 것이라는 믿음이 없었다. 그런데 그는 안팎을 가리지 않고 언제나 나보다 더 많은 일을 하려고 해서 놀라웠다. 어떻게 그럴 수 있을까? 처음부터 지금까지 한결같은 그에게 항상 고마운 마음이다.

또, 우리는 집에서 함께 지내며 서로의 생활을 가능한 한 존중하고 있는데, 보통 다음과 같은 루틴을 따르고 있다. 참고로 우리에게는 각자의 방이 있고, 서로의 수면을 위해 각방에서 따로 자고 있다.

늦게 일어나는 사람이 방문을 열고 나와 먼저 일어난 사람의 방으로 가서 인사를 한다. 이후 나는 머리를 감고 기초화장을 하며 기본적인 단장을 하고, 그는 해야 할 일을 처리한 다음 함께 점심을 먹는다.

점심을 먹고는 대개 집에서 커피를 마신다. 결혼 후 얼마 지나지 않아 그가 커피를 만들어 주면 좋겠다고 부탁해서 내가 그의 것까지 만들고 있는데, 과정은 아주 간단하다. 그는 컴OO 커피만 좋아해서 에스프레소가 늘 여러 잔 냉장고에 준비되어 있고, 내가 할 거라곤 텀블러에 얼음을 넣고 정수기의 냉수 버튼을 누른 다음 에스프레소를 적당히 부어주는 것뿐이다. 그런데도 이렇게 해서 가져다주면 그는 늘 고맙다고 말해줘서 기분이 좋다. 그의 커피가 완성되면 다음은 내가 가장 좋아하는 캡슐로 내가 마실 커피를 만든다. 커피 이후의 오후 시간은 서로의 공간에서 자유롭게 보내고, 심심한 사람이 상대방의 방에 놀러 가기도 한다.

그러다가 저녁 먹을 시간이 되면 자연스레 다시 만나 저녁을 먹는다. 이후에는 또 각자의 시간을 보내고, 역시 심심한 사람이 상대방의 방에 놀러 가기도 한다. 그러다 밤 10시에서 11시 사이에 내가 먼저 씻으면 이어서 그가 씻고, 잘 준비를 모두 마친 후 그의 방에 같이 누워 도란도란 이야기를 나누다가, 잘 시간이 되면 굿나잇 인사를 나누고 헤어진다.

하나하나 적어나가다 보니 함께 시간을 보내는 것만큼이나 각자의 시간을 존중하는 것이 우리가 오랜 시간 함께 있으면서도 다투지 않는 이유라는 게 다시금 느껴진다. 우린 필요할 땐 언제든 어디든 함께 외출하지만, 그에 비해 집에서는 각자의 개인적인 시간을 충분히 확보하고 있다. 따로 또 같이! 내가 늘 꿈꾸던 이상적인 결혼생활이고, 그도 나와 같으면 좋겠다고 생각한다. 이렇게 쭉 밸런스를 맞춰가며 평온하게 살아가고 싶다.

예민한 사람들을 위한 **연애 심리학**

연애 심리학

      삶의 방식은 천차만별이다. 정해진 정답이나 틀린 답은 없다. 사회가 정한 규범 안에서 자유롭게 살아가면 된다. 그 규범을 망각하면 문제가 되겠지만, 그렇지 않다면 자유롭게 살아가면 된다. 부부의 삶 또한 마찬가지이다. 서로가 행복하면 된다. 이러한 행복을 지속하기 위해 나와 잘 맞는 사람을 찾아 연애하고, 평생을 함께하기 위해 결혼하는 것이 아닐까?

단비 같은 소식

2022년 5월에 결혼식을 치르고 나니 큰 프로젝트를 하나 성공적으로 끝낸 것처럼 마음이 홀가분했다. 그래서였을까? 상대적으로 그간 신경이 덜 갔던 몸의 상태가 머리끝부터 발끝까지 선명하게 느껴지기 시작했다. 조금만 제 속도로 걸어도 숨이 굉장히 찼고, 조금만 책상에 앉아 작업을 해도 오른쪽 어깨에 통증이 오래갔다. 그동안 일에 이사에 결혼식에 이 핑계 저 핑계로 운동을 요리조리 피해온 결과이리라. 그만큼 운동과는 되도록 거리를 두면서 살고 싶었지만, 몸이 암흑 속 나락으로 떨어지는 것을 막으려면 더 이상 선택의 여지가 없었다.

언젠가 이런 날이 오리란 걸 알았기에 운동 종목에 대해서는 미리 3개 정도 생각해 두었었다. 필라테스, 실내 클라이밍, 스쿼시. 필라테스는 동적인 것보다 정적인 걸 좋아하는 나와 결이 맞을 것 같았고, 체력도 체력이지만 몸이 자꾸 여기저기 아픈 걸로 보아 체형 교정도 필요한 것 같아 선택했다. 실내 클라이밍이나 스쿼시는 시간 대비 전신 운동량이 많다는 정보를 예전부터 건강 프로그램이나 기사 같은 곳에서 많이 접했기 때문에, 하기 싫은 건 빨리 끝내고 싶다는 다소 불순한 마음을 가지고 선택했다.

네OO 지도에서 3가지 운동을 배울 수 있는 곳을 검색해 봤는데, 마침 집에서 도보로 5분 거리에 필라테스 센터가 있었다. 일단 위치는 합격! 운동하러 가는 곳은 자고로 가까워야 꾸준히 갈 수 있다는 게 나의 지론이다. 하지만 필라테스라고 모두 OK인 건 아니고 나에겐 좀 더 까다로운 기준이 있었는데, 그건 바로 '기구 필라테스, 1:1 수업, 재활 프로그램 보유'였다.

기구의 도움을 받으면 아무래도 동작을 좀 더 정확하고 편안하게 할 수 있을 것 같았다. 그리고 그룹 수업 시 프로그램의 속도에 맞춰 제대로 동작을 따라 할 자신이 없었다. 또 몸치에 유연성이 떨어지는 몸으로 태어난 데다가 근 몇 년간 운동이라곤 가끔 가뭄에 콩 나듯 하는 산책이 전부였던 터라 운동 자신감이 완전히 제로인 상태였다. 그래서 해부학에 기초해 필요한 몸의 근육을 체계적으로 쓰게 해 줄 재활 프로그램에 가까운 수업을 받고 싶었다. 나는 실제로 선천적으로 오른쪽 무릎의 운동 범위가 남들보다 훨씬 좁아 양반다리를 할 수 없기도 하다.

전화 상담을 통해 처음 접한 필라테스 선생님은 과하지 않으면서도 똑 부러지게 설명을 잘해주셨고, 생각보다 영업적이지 않아 마음이 갔다. 그렇게 2022년 6월, 마음속 위시리스트로만 존재하던 생애 첫 필라테스를 시작했다. 특별한 일이 없는 한 일주일에 한 번씩은 꾸준히 성실하게 가서 운동했다. 원래 재활 프로그램도 하는 곳이라 그런지 내 몸에 맞춰서 무리가 안 가게끔 잘 코칭해 주셨고, 나는 선생님의 칭찬과 함께 몸을 이전보다 자신 있게 움직이게 되었다. 체력 증진은 모르겠으나 운동에 대한 거부감은 확실하게 줄었다.

하지만 다음 해 봄인 2023년 3월에 선생님은 건물주와 문제가 생겨 갑작스럽게 폐업을 하게 되었다는 비보를 전했고, 다른 곳에 재오픈 계획도 없다며 남은 금액을 즉시 환불해 주셨다. 그리고 나는 이를 핑계 삼아 다시 운동 유목민이 되어 몸에 무한 휴식을 제공했다.

몇 달을 쉬자 몸이 또 힘들다고 아우성을 쳤다. 이미 한참 전에 폐업했는데 왜인지 한참 동안 남아 있는 필라테스 간판을 보며 선생님이 그리웠지만, 그녀는 이미 떠나버린 버스였다. 다른

예민한 사람들을 위한 **연애 심리학**

방법을 찾아야 했다. 필라테스, 실내 클라이밍, 스쿼시에 조금 범위를 넓혀 비슷해 보이는 테니스 학원까지 다시 검색해 보았지만 마땅한 곳을 찾지 못했다. 이런 나에게 그는 PT를 권했다. 나에게는 유연성보다 체력이 시급하다며 이전부터 그는 내가 필라테스보다는 PT를 하길 바랐다.

PT. 그것은 운동의 기본 중에 기본인데 나라고 생각을 왜 안 했겠는가! 단지 십여 년 전 받아본 무료 PT에서의 안 좋은 기억 때문에 PT는 웬만해서는 진짜 진짜 진짜 안 하고 싶어 여태까지 피해왔을 뿐이다.

어떤 기억이냐면, 선생님이 가르쳐 준 동작을 나름으로 최선을 다해 시도했지만, 자세가 전혀 나오지 않았다. 그랬더니 선생님이 정말 의아하다는 표정으로 힘들어하는 나를 쳐다보며 "이상하다. 이게 왜 안 되지?"라고 말했다. 창피함까진 아니지만 무안했던 건 사실이다. 내가 기본적인 자세도 잘 못 잡는 사람인 게 맞긴 하지만, 대놓고 그렇게 말하는 곳에 어떻게 다니겠는가. 게다가 내가 못한 것에 대해 왜 그런지에 대한 조금의 설명도 없이 어물쩍 다른 걸로 넘어갔는데 그건 더욱 큰 문제였다. 제대로 된 동작을 혼자 못하겠기에 간 건데 선생님조차 그걸 난감해하며 도와주지 못하는 태도를 보이면 굳이 그곳에 다니는 의미가 없으니 말이다. 그때부터 PT는 내 희망(?) 운동 종목에서 삭제됐다.

그러던 내가 2023년 여름을 맞이하며 6월 초부터 PT를 시작했다. 그의 조언을 받아들여 반신반의하며 인터넷 예약으로 우선 무료 PT를 신청했다. 피트니스센터가 필라테스 센터보다도 가까운 집에서 도보 3분 거리에 위치한다는 게 크게 한몫했고, 기관 홈페이지를 보니 체력 증진, 체형 교정, 보디 프로필 촬영 등 운동 목적에 따라 다양한 프로그램을 보유하고 있는 것 같아 가산점을 줬다.

대망의 무료 PT 날! 간단한 상담 후 별 기대 없이 무료 PT를 받으면서 과거와는 완전히 색다른 경험을 했다. 여전히 대부분의 동작을 잘 수행하지 못하는 나의 상태는 비슷했지만, 선생님의 피드백은 완전히 달랐다. 왜 그 동작이 안 되는지, 그 동작은 어떤 근육을 강화시키기 위해 하는 건지, 따라서 그 동작이 안될 때는 어떤 동작으로 대체할 수 있는지 자세히 설명해 주셨다. 믿음이 갔고, 그와 상의 후 40회나 등록했다.

두 번째 PT 수업을 마치고 저녁을 먹으며 그에게 힘들다고 징징대면서도, 운동을 열심히 해서 건강한 몸으로 새롭게 태어날 거라고 말했다. 그는 "단비 같은 소식이네"라고 반기며 "파이팅!" 하고 응원해 주었다. 그러면서 자신은 나와 비슷한 시기에 죽고 싶은데 내가 자신보다 나이가 훨씬 많아 마음 한편에 늘 걱정이 많다고 말하며 나의 변화에 대해 진심으로 기뻐했다. 그저 몸이 안 좋아지는 징조들이 부쩍 눈에 띄어 할 수 없이 운동을 시작한 것뿐인데, 그의 진심 어린 마음에 나에 대한 사랑이 듬뿍 느껴져 감동이었다.

그의 응원에 힘입어 일주일에 2번씩은 꼭 운동을 가려 노력하고 있다. 선생님은 같은 근육을 키우는 목적이라도 내가 지루하지 않도록 다양한 동작으로 가르치시고, 자세에 대해 시범을 보이면서 간결하고 쉽게 설명해 주신다. 또, 도저히 힘든 자세는 비슷한 근육을 쓸 수 있는 다른 동작으로 바로 수정하고, 그러면서도 스트레칭을 통해 움직이기 힘들어했던 쪽의 유연성을 점진적으로 늘려주려 하신다. 아직 갈 길이 멀지만, 몸의 변화를 확실히 느끼고 있어 뿌듯하다. 아자, 아자 파이팅!

연애 심리학

66   사랑하는 사람의 진심 어린 조언은 보약과도 같다. 강요하지 않고 진심으로 걱정하며 위로해 주는 말 한마디면 충분하다. 그리고 그를 지켜봐 주는 것이 중요하다. 사랑하는 사람에게는 기다려주고, 믿어주며, 응원해야 한다.

에세이 모임

　나와 그는 독서 모임에서 만난 부부답게 결혼 후에도 동네에 있는 독서 모임을 찾아 가끔씩 함께 나갔다. 그런데 모임에 참여한지 3달 정도 지났을 때 그에게 모임장이 보낸 메시지 한 통이 도착했다. 모임장과 우리 부부는 별일 없이 잘 지내고 있었으므로 최대한 기분이 상하지 않도록 조심스럽게 작성되었지만 요지는, 독서 모임을 할 때 그가 하는 말을 다소 불편하게 생각하는 회원이 있으니 발언을 할 때 조금만 신경 써주면 좋겠다는 내용이었다.

　과거에도 그와 모임을 같이 나가면 그와의 대화를 불편해하는 사람들이 꽤 있었다. 어떤 이들은 그의 말이나 말투가 너무 공격적이라 불편하다고 했고, 어떤 이들은 그가 너무 직설적으로 말해서 불편하다고 했다. 그래서 그는 그 메시지를 받고 별로 놀라진 않았다. 대신 이번엔 자신의 '사회성'이나 '사회적 언어'에 대해 예전보다 심각하게 고민하기 시작했다. 전에는 사람들 간의 분위기를 부드럽게 해주는 '사회적 언어'에 대해 "그런 쓸데없는 말을 왜 해야 하는 거야?"라며 반문했는데, 이제는 그에 대해 궁금증이 생긴 것 같았다.

그리고 그 메시지를 받았을 즈음, 그는 얼떨결에 내가 활동하고 있는 에세이 모임에 함께 나가기 시작했다. 그 에세이 모임은 나도 정말 우연한 계기로 활동하게 된 모임이었다. 2023년 봄에 수강한 에세이 쓰기 강연의 마지막 날, 강연이 끝나자마자 일이 있어 서둘러 나오려는데 한 수강생으로부터 에세이 쓰기 모임에 참여하지 않겠냐는 제안을 받았다. 강연에 두 번밖에 참여를 못 했고 당장은 가봐야 하는데 괜찮은지 물었더니, 휴대폰 번호를 남기면 연락을 준다고 해서 흔쾌히 그렇게 했다. 그리고 얼마 후 정말로 연락이 와서 몇 주 후 수줍게 첫 모임을 시작했고, 모임 방식에 관한 이야기 끝에 카페에서 격주로 모여 각자 써 온 글을 낭독한 후 피드백 시간을 갖는 것으로 방향을 정했다.

그런데 사실, 나는 모임에 가는 건 좋았지만 운전은 하기 싫어 첫 모임부터도 그에게 운전을 부탁하며 같이 가자고 했다. 카페에서 만나니 내가 모임에 참여할 동안 그는 다른 테이블에서 할 일을 하다가 끝나고 바로 점심을 먹으러 가면 좋을 것 같았다. 그리하여 우리는 2~3번 정도 같이 모임 장소에 갔는데, 그러다 내가 하는 모임이 좋아 보였던지 그도 참여하고 싶다는 의사를 밝혔다. 다행히 다른 회원들도 그를 반겨주어서 나와 그는 모임 내 유일한 부부 회원이 되었다.

우리는 2주에 한 번씩 성실하게 완성한 글을 들고 모였고, 그에 관한 이야기를 나누다 보면 늘 시간이 부족했다. 글에 관한 이야기로 시작해 인생 이야기로 번지기도 하고 때로는 그 반대가 되기도 했다. 그도 '사회성'에 대한 자신의 고민을 글로 쓴 후, 모임에서 회원들과 함께 이야기를 나눴다.

나밖에 모른다는 이야기를 자주 듣는다. 어떤 순간에 상대방이 나를 이기적이라고 보는 것이 어떤 부분인지 나는 잘 이해가 되지 않는다. 나는 매 순간 최선을 다하려고 하였지만, 최선의 노력이 중요한 게 아니라 보이는 결과가 중요하다는 것을 다시 한번 느끼게 되었다.

요즘 잡담이 무엇인지 배우고, 사람들이 나누는 잡담의 패턴들을 듣고 외우고 비슷하게 대답하려 노력하기 시작했다. 사람들과의 관계 속에서 이러한 잡담을 하는 것이 긍정적인 감정을 유발한다는 것은 알고 있었지만, 어느 시점에 어떻게 대답해야 되는 것이 정해지지 않는 대화는 나에게 어렵고 이해하기 어려웠다. 하지만 의도적으로 타인의 기분을 좋게 해주려는 것이 타인에게 배려가 될 수 있다는 것을 배우고 상대방이 원할 것 같은 반응을 연

예민한 사람들을 위한 **연애 심리학**

습하기 시작하였다.

사람들과의 관계 속에서 솔직하게 말해달라는 말은 솔직하게 이야기를 해주는 것이 아니라 본인이 원하는 이야기를 해달라는 것이라는 것이 이해는 되지 않지만 해야만 한다는 것이 슬펐다. 하지만 타인과 섞여 사회에서 살아간다는 것은 그런 것이라는 것을 깨닫게 되었다.

매 순간 평범을 의식해야만 마찰 없이 살 수 있는 삶은 나에게는 조금 서글픈 일인 것 같다.

(그가 쓴 에세이 中 일부)

회원들은 그의 고민을 진지하게 들어주었고, 여러 조언도 해주며 조금씩 변화해나가는 그의 모습을 응원해 주었다. 생각한 내용을 거의 그대로 내뱉는 그의 말에 처음엔 분명히 불편할 때도 있었을 텐데 그걸 싫다고 피하지 않고, 오히려 안쓰러워하며 어떻게든 그에게 도움이 될 만한 설명을 친절하게 해주는 회원들이 참 고마웠다. 덕분에 모임에 나가며 그는 말투도 많이 부드러워지고 사람들이 으레 쓰는 상투적인 표현도 늘었다.

꾸준히 에세이를 쓴 후 함께 나눈 밀도 높은 대화만큼 회원들 간 내적인 거리감 또한 가까워져 우리는 분기별로 소풍도 다녀왔다. 늦여름엔 점심을 같이 먹었고, 가을엔 단풍 구경을 함께 했다. 그렇게 하나둘씩 늘어나는 추억 속 우연히 시작한 에세이 모임은 나에게도 그에게도 어느새 소중해졌다. 앞으로도 오래오래 모임이 유지되었으면 좋겠다.

연애 심리학

66   평범하게 산다는 것은 어떻게 보면 매우 어려운 삶일 수 있다. 하지만 타인에게 피해를 주지 않는 선에서 나답게 사는 것도 좋은 선택인 것 같다. 세상에 비위를 맞추지 않고 오롯이 나답게 살아가려면 많은 어려움이 따를 것이다. 정답은 없다. 서로 양보하며 함께 더불어 사는 것이 중요하다.

스몰 토크

　우리 부부의 여행 문제는 그야말로 본질적이다. 이게 무슨 말이냐면, 우리가 가진 여행에 대한 문제는 '여행 스타일' 때문이 아니라 '여행 그 존재 자체' 때문이라는 것이다.

　나는 여행을 좋아한다. 하지만 그는 여행에 대해 아무런 감정이 들지 않는다고 한다. 아름다운 풍경을 봐도 아무런 감흥이 없고, 인기 많은 관광지에 가도 전혀 재미가 없으며, 여행지에서 먹는 음식이 동네에서 매일 먹을 수 있는 음식에 비해 별로 특별하지도 않다고 한다. 이에 더해 커피에 대해서는 특히나 편식이 심해 어디를 가든 지도 앱을 켜고 굳이 컴OO 커피를 찾아 헤맨다. 이쯤 되니 '그래도 여행을 싫어하는 것보다는 나은가?' 싶었던 마음이 '그게 정말 나은 걸까?' 하고 헷갈린다. 왜 악플이 무플보다 낫다는 말도 있지 않은가! 하지만 개인적 견해론

무플이 악플보다 낫다고 생각한다.

돌아보면 연애 초중반까지는 그와 같이 여행을 가는 게 설레고 좋았다. 심지어 우리는 사귀기 전에 여행부터 간 커플이다. 아마도 그때까지는 서로 끊임없이 할 이야깃거리가 많았기 때문에 여행 내내 즐거운 대화를 여유롭게 나눴고, '대화에서 오는 즐거움'을 '여행에서 오는 즐거움'이라고 착각해 그와 여행 취향이 잘 맞는다고 생각했던 것 같다.

그러다 언젠가부터 그는 내가 여행을 가자고 하면 그저 의무감으로 따라오는 것 같은 느낌이 들기 시작했는데, 여행에서 그는 '여행 메이트'가 아닌 '수행비서'인 것 같이 행동했다. 내가 목적지를 알려주면 운전을 해주고, 무거운 짐이 있으면 들어주고, 뭔가 도와달라고 하면 도와주는 정도의 역할만 했고, 마치 임무를 얼른 마치고 퇴근하고 싶어 하는 직장인 같았다. 그래서 멋진 풍경을 볼 때도 맛있는 음식을 먹을 때도, 여행을 같이 간 사람이 있음에도 불구하고 오롯이 나 혼자 그 즐거움을 즐겨야 했다. 내가 소시오패스도 아니고 그건 당연히 불가능했고, 여행을 다니면서 나의 외로움과 쓸쓸함은 사람 손이 잘 닿지 않는 선반 위 먼지처럼 켜켜이 쌓여갔다.

그러다 마침내 결혼 후 1년 정도 지났을 무렵 벚꽃을 보겠다며 떠난 경주 여행에서 1차 폭발을 겪었고, 같은 해 늦여름에 강릉으로 떠난 여행에서 더욱 거세게 2차 폭발이 일어났다. 아마 봉평에서 점심을 먹으면서부터였던 것 같다. 정확한 이유도 모른 채 아무튼 기분이 나빠져, 나는 숙소에 도착하자마자 피곤하다는 핑계로 낮잠을 잤다.

그리고 1시간 정도 자다가 깨어나 안목 해변길을 걸으며 생각했다. 식당에서 도대체 뭐가 문제였는지. 뭐 때문에 그렇게 기분이 급속도로 나빠졌는지. 잘 자고 일어나 맑은 정신이라 그랬는지 알맞은 파도 소리에 집중이 잘 돼서 그랬는지, 답은 예상보다 빨리 나왔다. 꽤 인기 있는 식당을 갔는데 우리만 빼고는 다들 즐거워 보였다. 다른 사람들은 대화하며 행복한 표정으로 밥을 먹는데 우리만 각자 휴대폰을 보며 대화 없이 밥을 먹고 있었다.

그게 핵심이었다. 많이 늦은 감이 있지만 그제야 확실히 알았다, 진짜 문제가 무엇인지를. 나는 그와 같이 여행 계획을 짜고, 즐겁게 담소를 나누며 여행지에서 소소하게 행복한 시간을 보내고 싶었다. 그런 여행 케미가 맞는 부부들이 부러웠고, 그래서 여행 때마다 그에게 이유도 제대로 모르면서 만족이 되지 않으니 일단 심통을 부리고 있었다. 나는 '그냥 여행'이 아니라 '여행 메이트와 함께 즐기는 여행'을 바라고 있었다는 걸 깨달았다. 문제의 핵심을 파악하자 내가 바라는 것에 대해 그에게 이전보다 명확하게 설명할 수 있었고, 그도 듣더니 무슨 얘긴지 이해했다.

그래서 그가 정한 식당에도 가고 함께 해안 길 산책도 하면서 남은 기간은 꽤 만족스럽게 보냈다.

문제의 원인을 찾았고 해결 방법 또한 찾았으니 나는 그걸로 문제가 모두 괜찮아졌다고 생각했다. 그리고 진정으로 그대로 계속 잘 지내고 싶었다. 하지만 머지않아 깨닫게 된 건, 비단 이 문제가 여행에서만의 문제는 아니었다는 슬픈 사실이었다.

여행을 다녀온 지 며칠 되지 않은 9월 중순의 어느 나른하고 심심한 오후, 햇살이 좋아 호수 공원 길을 산책하고 싶었다. 자연스레 그와 함께 하고 싶었고, 그는 흔쾌히 같이 나서 주었다. (이 문장에서 '나서 주었다'라는 부분을 대단히 눈여겨보아야 한다.)

이제부터 문제 상황의 서막이 오른다. 호수를 보며 기분 좋게 걸으려는데 그가 또 일 얘기를 시작했다. 나는 화제를 돌리려 일부러 다른 이야길 꺼냈지만, 그는 내 말에 반응이 없었다. 그저 조금 전 하던 이야기를 이어가며 자신이 하고 싶은 말만 계속할 뿐이었고, 이런 상황이 몇 번 반복되었다. 내가 듣기엔 그게 그거인 일 얘기를, 내가 싫다는 사인을 반복해서 보내는데도 뭐가 재밌다고 계속하는 건지, 나로서는 정말이지 도통 알 수가 없었다. 결국 재미없으니까 그만하라고 직접적으로 말하는 순간까지 맞이한 후에야 그는 말을 멈췄다.

예민한 사람들을 위한 연애 심리학

그리고, 가까스로 말은 멈췄지만, 그때부터는 옆에서 그냥 걷기만 하고 전망이 좋은 벤치에 앉아 쉴 때는 내 옆에 앉아 고개를 숙이고 휴대폰만 봤다. 이미 이런 일이 한두 번이 아니라 나는 화병이 난 것처럼 가슴이 답답하고 화가 치솟았다. "이렇게 각자 따로 놀 거면 우리가 굳이 같이 나와서 산책할 필요가 있어?" 끝내 그에게 날카로운 말이 튀어나왔고, 나는 왔던 길을 되돌아 걸었다. 산책 후 가자고 얘기가 됐던 카페고 뭐고 그냥 집으로 가고 싶은 마음뿐이었다.

그런데 그 와중에 그가 카페는 안 가냐고 했다. 보통의 사람들 같으면 분위기가 그러면 대충 집으로 가려나 보다 할 텐데, 그는 앞서 입력된 값이 있는데 그대로 진행이 안 되니 구태여 물어본 것 같았다. 그런데 놀랍게도 그 말을 듣는 순간 헛웃음이 나면서도 동시에 '그치, 이게 내 남편이지'라는 생각이 들면서 희한하게 마음이 가라앉았다. 그래서 마음을 돌려 근처 카페로 들어갔다.

늘 먹던 대로 나는 따뜻한 아메리카노, 그는 아이스 아메리카노를 시킨 다음 우리에 관한 이야기를 시작했다. 카페는 드넓었지만 손님이 거의 없었고, 공간이 적당히 분리되어 있어 우리 테이블 주변에는 아무도 없었다. 마치 이제부터 조용히 진지한 이야기를 얼마든지 마음껏 나누어 보라는 듯이.

그에게 먼저 물었다, 우리에게 요즘 좀 문제가 있는 것 같지 않냐고. 아니 예전부터 있던 문제가 요즘 더 심하게 드러나고 있는 것 같지 않냐고. 그는 그렇다고 했다. 그래서 그렇게 느끼면서 왜 말을 안 했냐고 하니, 늘 그랬던 대로 이번에도 내가 먼저 말해주기를 기다리고 있었다고 했다. 아, 그랬구나. 내가 먼저 말해주길 기다리고 있었구나. 그의 말에 머리가 아프고 무슨 말을 어떻게 어디서부터 꺼내야 할지 막막했지만, 그의 바람대로 나는 일단 말하기 시작했다.

"스몰 토크(가벼운 대화)가 너무 안 돼서 답답해."

"어떤 가벼운 주제를 꺼내도 항상 지식적이고 사실적인 답으로만 길게 반응하니까 재미가 없어. 거기에 별로 이어서 할 말도 없고."

"어떨 땐 내 말에 반응이 없으면 무시당하는 기분이야."

"연애할 때는 서로에 대해 모르니까 그것들에 대해서만 말해도 새롭고 재밌었지만 이젠 그것도 안 되고, 전에는 책이나 심리학에 관해 이야기했는데 지금은 경제나 일에 관련된 얘기만 하려고 하고. 그러다 보니 사실 무슨 얘길 같이 나눠야 할지 모르겠어."

막상 말을 꺼내니 속에 있던 생각들이 줄줄이 비엔나소시지처럼 술술 나왔다. 그리고 여기에 대한 그의 반응은 스몰 토크를 어떻게 하는 건지 모르겠으니 구체적으로 알려달라는 것이었다. 보통의 경우 이런 부정적인 말을 들으면 일단 감정적으로 먼저 반응했을 것 같은데, 역시 그 다운 반응이라고 생각했다.

이후 우리는 스몰 토크는 보통 어떻게 시작하는지, 상대방의 가벼운 말에는 어떻게 반응하는지, 대화할 때 상대방과 어떻게 턴을 주고받는지, 대화의 양은 어떻게 분배하는지에 대해 아주 오랫동안 이야기를 나눴다. 그리고 대화 말미에 그는 "연습해 볼게. 도와줘"라고 말했다.

그렇게 스몰 토크에 관한 이야기가 어느 정도 마무리되고, 나는 호수 길을 걸으며 갑자기 깨닫게 된 부분에 관해서도 이야기를 꺼냈다. 그동안 나조차도 내가 원하는 걸 분명하게 몰랐다가 알게 된 것이 있었기 때문이다. 이런 걸 '유레카'라고 하던가? '그가 계획하는 재밌는 일정!' 이 또한 내가 원하는 것의 핵심이었다. 언젠가부터 놀이 계획은 늘 내가 짰고, 나는 내가 계획해야만 진행되는 놀이에 완전히 싫증이 나 있었다.

나는 본래 노는 계획 짜는 걸 좋아하는 사람이 아니고, 누군가는 해야 하는데 아무리 둘러봐도 할 사람이 없을 때만 어쩔 수 없이 나서는 사람이다. 노는 행위 자체도 피곤해서 자주 노는 건 싫어하며, 가끔 환기가 필요한 적시에만 누군가와 함께 어울려 놀며 기분 전환을 한다. 나갈 땐 귀찮았지만 가서는 의외로 즐거웠던 약속들이 꽤 있었기 때문에, '어쩌면 재밌을지도 모르잖아?'라는 작은 희망에 기대 약속에 나가고 있는 것이다. 여행도 패키지여행이나 누가 주도하는 여행을 선호한다. 누군가가 주도하면 따라가서 보조자 역할을 하는 게 좋고, 이건 큰 장점 같은데 조금 마음에 안 들더라도 준비한 사람에게 감사하며 딱히 불평한다거나 싫은 기색을 나타내지 않는다. 요약하자면, 나는 노는데 무척 수동적인 사람이란 얘기다.

그런데 이런 내가 놀이의 모든 걸 주도하고 있었다니! 놀기도 전에 기운이 다 빠졌을 만했다. 게다가 그는 나에 비해 음식 맛이나 숙소에 불평불만도 많아 그걸 신경 쓰다 보면 기운이 몇 배는 더 빠졌던 것이고. 이야기를 모두 털어놓고 나니 속이 아주 후련했다. 그는 이번에도 또 그답게 나의 정확한 디렉션에 만족했는지 내가 원할 때는 내 취향을 고려해서 자신이 놀이 계획을 짜겠다고 했다.

그로부터 한 달 뒤에 그와 함께 다시 호수 공원을 찾았다. 똑같은 장소, 비슷한 시간이었다. 하지만 불과 한 달 지났을 뿐인데 분위기는 천지 차이였다. 그는 내 말을 잘 들어주었고, 일 얘기도 별로 안 했으며, 우리의 얘기 혹은 가벼운 이슈들로 대화를 나눴다. 산책, 일몰 감상, 그와의 즐거운 대화로 이루어진 2시간 덕분에 하루가 꽉 차게 행복했고, 다시 희망이 보였다. 우린 앞으로도 행복하게 잘 놀 수 있을 것이다.

연애 심리학

66   처음부터 잘 맞는 연인도 있지만, 처음에는 잘 맞지 않더라도 사귀면서 잘 맞추어 나가는 연인도 있다. 문제가 발생하면 그 원인을 찾아 해결책을 모색하면 된다. 한 사람과 다른 사람의 사고방식은 전혀 다르다. 같을 수가 없다. 그러므로 상대방이 잘 모르는 부분은 대화를 통해 풀어가는 것이 중요하다. 이렇게 서로 맞춰 나가다 보면 결국 천생연분이 될 수 있을 것이다.

프린세스 메이커

그의 사업은 시작하고 몇 달 후부터 계속 잘 성장해 왔다. 그래서 우리는 원하는 걸 다 하며 결혼식을 하고, 원하는 것들을 대부분 즐기면서 여유롭게 신혼생활을 시작할 수 있었다. 그런데 결혼 후 1년이 조금 지난 2023년 하반기부터 수입이 줄기 시작하더니 최선을 다해 아껴 써야 할 만큼 급속도로 어려워졌다. 다들 어렵다, 어렵다 하는 시기니까 따박따박 월급이 나오는 직장인이 아니고서야 그게 오히려 자연스러운 건지도 모르겠지만.

언젠가 운동을 하다가 PT 샘이 "요즘 남편 사업 괜찮아요?"라고 물은 적이 있다. 그래서 전 같지는 않다고 간단히 답했는데, 선생님은 자신도 자영업자라 너무 이해된다고 하면서 정말 갑자기 어린 시절 내 마음을 홀딱 사로잡았던 추억의 게임 이름을 소환하셨다. 그건 바로 당대에 너무나도 유명했던 '프린세스 메이커 2'. 제목에서도 알 수 있듯이 수업, 아르바이트, 무사수행 등을 통해 딸을 공주로 키워내는 것이 목표인 게임이었다. 예상했던 대화는 "공주로 키우려 했는데 마음처럼 크지 않더라고요" 내지는 "무사수행 진짜 재밌었죠?" 같은 밝고 가벼운 이야기였지만, 이어진 건 그땐 전혀 몰랐으나 그 게임은 정말이지 현실을 아주 잘 반영한 극사실주의 게임이었더라는 다소 어둡고 무거운 이야기였다.

"처음 설정할 때 아버지 직업을 선택할 수 있잖아요. '상인'을 선택하면 매년 수입이 들쑥날쑥했던 거 기억나요? 어떤 해는 엄청 많고, 어떤 해는 엄청 적고."

"……"

"어릴 땐 그게 왜 그런 건지 전혀 이해하지 못했는데, 제가 자영업을 하고 보니 이젠 완벽히 이해가 되더라고요."

듣고 보니 정말 그랬다. 그래서 그의 통찰에 감탄하며, '아. 세월이 지나도 명작은 역시 클래스가 다르구나!'라고 생각했다, 애써 얼굴에 미소를 띤 채로.

PT 샘과 대화할 때만 해도 그래도 괜찮았는데, 어려운 상황이 수개월간 계속 이어지자 내 속에 문제가 생겼다. 버는 돈보다 쓰는 돈이 더 많아지면서 불안이 커지고, 그러면서 내면에 숨어있던 방어기제가 발동한 것이다. 드라마 속의 사업하다 쫄딱 망한 집처럼 우리 집에도 빨간 딱지가 덕지덕지 붙는다던가, 망한 집의 주인공처럼 나도 정말 배가 고픈데 국밥 한 그릇을 사 먹을 돈이 없어 국밥집 창문 너머로 남이 먹는 모습만 하염없이 쳐다본다던가 하는 등 최악의 상상만이 머릿속에 떠올랐다.

어? 근데 이상하다? 나 원래 돈에 이렇게 신경 쓰는 사람이 아닌데. 그냥 있으면 있는 대로 없으면 없는 대로 분수에 맞게 생활하자는 주읜데. 그런데 지금은 왜 이러지? 평소 돈에 예민하지 않은 내가 이번에는 유독 왜 이리 유난스러운지에 대한 의문이 생겼다. 그래서 고민해 봤더니 범인은 바로 '대출금을 포함한 고정비'였다. 나는 결혼을 하며 어엿한 독립 가정을 이루었고, 생애 처음으로 내 소유의 집이라는 것도 생겼지만, 그 집은 대출금과 함께였다.

예전에 부모님 집에 살며 연애할 때는 수입이 줄어도, 심지어 수입이 없어도 스트레스가 전혀 없었다. 고정비라고 해봤자 같이 사는 부모님께 명목상 드리는 생활비가 전부였고, 부모님이 당장 돈이 급하신 분들은 아니어서, 여차하면 몇 달 미룰 수도 있고 까짓것 몇 달 건너뛸 수도 있었다. 게다가 직장에서 돈을 벌며 내가 너무 힘들어하는 모습을 보이자, 어느 날 엄마는 사치를 부리거나 돈을 이상한 데 쓰거나 하지만 않는다면 나 하나 정도는 보살펴줄 수 있으니 돈 버는 거에 너무 스트레스받지 말라고 진지하게 말씀해 주시기까지 했다. 그 말은 나에게 큰 위로와 응원이 됐고, 이후 믿는 구석이 생겨 돈에 대해서는 더욱 걱정하지 않으며 할 수 있는 만큼만 편안한 마음으로 일했다.

그리고 결혼을 하면서는 경제적인 부분을 온전히 그에게 의지했다. 그가 그러라 하기도 했고, 나도 그러는 편이 좋았다. 그런데 내가 의지하는 그가 경제적으로 난항을 겪고 있다. 상황이 이러한데 내가 어찌 불안해하지 않을 수 있겠는가? 돈에 예민해지는 게 당연하다. 그게 맞고, 그게 정상이다.

다만 앞서 언급한 최악의 상상은 한참 우울하고 부정적인 생각만 가득했던 시기에 한 것이라 지나치게 극단적으로 흘렀던 것 같다. 상태가 호전되어 객관적으로 바라볼 수 있게 되니, 우리의 고정비는 둘 중 하나가 몸져눕지 않는 한 충분히 감당할 수 있는 수준이라는 판단이 섰다. 더불어 그는 사업이 어려워졌음에도 불구하고, "예전엔 이런 상황이면 엄청 불안했을 것 같은데, 이젠 막막하지 않아. 충분히 다시 잘할 자신이 있어"라고 자신 있게 말하며 최선을 다해 돌파구를 찾고 있다. 아주 듬직하다.

희망은 더 있다. 나는 마지막 퇴사 후 꽤 오랫동안 전에 하던 일에 대해 '나는 왜 이 일 밖에 못 할까?'라며 배부른 볼멘소리를 했었다. 하지만 얼마 전부터 내 능력과 경력은 충분히 희소성이 있고, 내가 마음먹기만 하면 언제든지 써먹을 수 있는 강력한 무기라고 생각하고 있다. 사고의 전환이 일어난 것이다. 그래서 나는 다시 일을 시작했고, 덕분에 가계 수입이 조금씩 늘어나고 있다. 부디 우리가 이 위기를 함께 잘 잘 극복할 수 있기를 바라본다.

연애 심리학

66 결혼생활을 잘 유지하는 데 중요한 요소 중 하나는 경제적인 안정이다. 이는 부정할 수 없는 현실이다. 누구나 경제적인 안정을 희망한다. 부부가 서로 합심해서 슬기롭게 가정을 운영한다면 극복하지 못할 것은 없다. '인간 만사 새옹지마'라고 했다. 위기가 와서 한쪽 문이 닫히면 새로운 문이 열리는 것이다. 그것이 인생이고, 우리네의 삶이다.

불안 애착, 안정 애착

　그동안 누구를 만나도 도저히 채워지지 않았던 그 무언가가 있었다. 나는 무엇인지도 정확히 모르겠는 그것 때문에 누군가를 만나는 동안 늘 힘들었는데, 스스로에게는 답답함이 들고 상대에게는 미안함을 느꼈기 때문이다. 그런데 내가 그랬던 이유가 2023년 12월의 어느 날, 곳곳의 순간들이 모여 신기할 정도로 매끄럽게 정리되었다.

　시작은 외출 전 그와 나눈 애착에 관한 얘기였던 것 같다. 나는 분명 불안 애착형에 속하는 사람이었는데, 지금은 완전한 안정 애착형인 듯이 느껴진다고 했다. 그리고 그렇게 변한 건 그의 애정이 내가 만족할 정도로 충분해서라는 말도 덧붙였다.

버스를 타고 목적지까지 가는 동안 애착에 대해 계속 생각했다. 나는 연인이라는 관계를 맺음으로써, 아직 마음의 준비가 되어있지 않음에도 불구하고 애착 대상이라고 여겨야 했던 상대에 대해 늘 불안정한 애착을 형성해 왔다. 상대의 관심이나 애정의 중심이 조금이라도 나에게서 벗어난다고 느끼거나 상대의 마음이 변한 듯한 작은 낌새라도 느껴지면 불안했다. 하지만 어쩐지 그러면 안 될 것 같아 엄청난 인내심을 발휘하여 상대방에게 그런 감정을 드러내지는 않았다. 그런데 차라리 솔직하게 드러내야 했을까? 너무 힘든데 어떻게 해야 될지는 알 수 없어서 내가 택한 방법이 고작 이거였으니. 그럴 때마다 나는 그냥 혼자 서서히 멀어지다가 이런저런 이유를 붙여 관계를 완전히 끝장내는 방식으로 힘듦을 회피해왔다.

일을 마치고 버스를 타서 눈을 감으니 이어폰으로 들리는 노래에 몰입이 됐다. 성시경의 노래 모음 플레이리스트였다. 흘러나오는 어떤 곡을 듣다가 갑자기 다른 노래의 가사가 떠올랐는데, 정말 찰나의 순간이었다. 만약 나의 사랑과 사랑하는 이의 행복 중 하나만 택해야 하는 상황이 온다면 조금도 망설이지 않고 사랑하는 이의 행복을 택하고 싶다는 내용이었다.

그때부터 사랑에 대한 생각이 이어졌다. '내가 어릴 때부터 추구한 사랑의 모습은 그런 거였지'라는 깨달음과 함께, '과거에 그와 비슷한 애정을 받는 느낌에 따뜻했던 시절이 있었는데'라는

예민한 사람들을 위한 **연애 심리학**

기억이 연이어 떠올랐다. 10대 초중반에 걸쳐 친구 관계에 속하지만, 그 범주로는 어딘가 석연치 않은, 지금 말로 설명해 보자면 친구와 남사친 사이 그 어디인 듯한 이성친구가 한 명 있었다. 누가 봐도 눈에 보일 정도로 나에게 관심이 많았고, 내가 재밌어할 만한 것들(가령 최신 노래, 만화책, 유머 같은 것들)을 끊임없이 가져와서 말을 걸었다. 처음엔 관심이 없었지만, 언제부턴가 덕분에 한 번씩 웃었다. 그리고 그렇게 한 번씩 웃으며, 매사에 걱정이 많고 타고난 예민성 탓에 늘 초긴장 상태로 지내느라 항상 추웠던 마음이 조금이나마 따뜻했었다.

그런데, 그땐 그러려니 했는데 세월이 지날수록 그 꾸준함과 섬세함이 소중하다 느껴졌고 그리워졌다. 아마도 자신의 행복에 더해 나의 행복에 대해서도 고민하고 행동해 주는 사람이 생각보다 드물다는 사실을 알게 되면서부터 그랬던 것 같다. 그리고 더 한참 시간이 흐른 뒤에야 알게 된 것이 또 하나 있었는데, 그건 나도 모르는 사이에 그 정도의 꾸준함과 섬세함이 연인 관계에서 내가 설정한 기준점이 되어있었다는 것이었다. 그래서 나는 그에 미치지 못하면 만족이 안 되고 허전하다 느꼈다. 마치 그 따뜻함을 알아버려서 지금 나는 더 춥다던 드라마 속 대사처럼. 사실 따지고 보면 아무 사이도 아니었는데 그게 기준점이 되다니, 참 이상도 하다. 근데, 연인이라고 칭해지는 관계라면 적어도 그런 친구보다는 더 나은 마음이어야 하는 것도 맞지 않을까?

　사랑에 대한 생각은 애착에 대한 생각을 다시 불러왔다. 생각에 생각이 꼬리를 물었다. 나의 애착이 안정된 이유는? 내가 느끼는 그의 사랑과 애정의 정도가 앞서 말한 기준점을 훌쩍 넘어 충분하다고 판단되었기 때문에. 그렇다면 그건 왜? 함께하는 동안 그는 한 번도 나를 헷갈리게 하거나 불안하게 한 적이 없기에. 이는 처음부터 그가 나를 엄청나게 사랑하는 게 느껴졌다는 의미는 아니고, 처음부터 지금까지 그의 애정의 정도가 투명하게 보여서 마음이 편했다는 뜻에 가깝다. 비유하자면, 우영우가 김밥을 좋아하는 이유 정도가 될 것 같다. 들어간 재료가 모두 보여서 믿을 수 있다는.

　나도 그도 처음에는 서로에 대한 마음이 그리 크지는 않았다. 당연하지 않나? 상대방에 대해 얼마나 알고 얼마나 겪었다고 마음이 그렇게 크겠는가. 내 생각에 초기 연애 단계에 있는 사람들 대부분이 이와 비슷할 것 같지만, 대개는 그걸 상대에게 철저히 숨기고, 또 숨겨야 한다고 느끼는 것 같다. 처음부터 자신의 사랑을 과시하는 것이 연애에서의 규칙이자 예의인 듯하고, 혹시라도 들키면 상황이 안 좋아진다. 나는 그게 늘 힘들었다. 내가 판단하기에 분명 그 정도의 마음은 아닌 것 같은데 과장된 행동과 표현을 받는 게 불편했고, 그런 걸 마치 당연하다는 듯이 나에게도 요구하는 건 더 불편했다. 아직 서로 간의 애정에 만족이 안 되는데, 따라가려니 버거웠고, 이는 내가 견디기 힘든 인지 부조화로 이어져 끊임없이 나를 불안하게 했다.

그런데 나와 그는 처음부터 그때의 마음 정도에 대해 서로에게 솔직하게 이야기했고, 그에 대해 서운해하지 않고 수용했다. 그저 최선의 노력을 하며 감정이 자라나는 속도에 따라 자연스럽게 상대를 대했다. 감정과 마음을 속이지 않아도 되니 편했다. 그리고 운이 좋게도 우리는 결이 맞는 사람이었던지, 함께 하면서 점점 더 좋아졌고 마음이 서서히 계속 커졌다. 그렇게 변해가는 감정과 마음에 관한 이야기 역시 허물없이 나눴고, 늘 솔직했기에 그 말들을 믿을 수 있었다.

새삼 이런 관계는 처음이라고 느꼈다. 마치 연애나 사랑 영역에서의 차원이 바뀐 느낌이랄까? 연애를 시작할 때는 사실 연애에서 더 이상 뭐가 새로울까 했었는데, 처음인 것들이 신기하게도 많았다. 그리고 어느새 돌아보니 내가 정한 기준점은 보이지 않을 정도로 멀어져 있었다.

덕분에 마음이 너무 따뜻하다. 다음 추위는 견디지 못할 것 같다는 생각이 들 정도로. 넘치도록 충분하다고 느껴지는 사랑을 받고, 나 또한 그런 사랑을 주고 싶은 사람을 만난 건 '기적'에 가까운 일이라는 것을 안다. 또, 이러한 사실 자체는 결코 변하지 않겠지만, 우리의 미래가 어쩌면 해피엔딩이 아닐 수 있다는 것 역시 안다. 그렇기에 나는 지금의 감사함을 놓지 않고, 앞으로도 나의 사랑에 온 마음을 다할 작정이다.

연애 심리학

66　사랑하는 사람과 결혼하여 오롯이 둘만의 결혼생활을 이어가더라도, 미래에 대한 불안은 생기기 마련이다. 하지만 지금의 행복에 감사하고 내가 더 상대방을 사랑한다면, 그러한 불안은 그저 기우에 불과할 것이다. 먼저 위로하고, 먼저 마음을 표현하고, 먼저 사랑한다고 말하면 된다.

요즘 행복해?

그는 버튼을 누를 때마다 "I love you~"라고 무한정 반복해서 말해주는 곰인형만큼, 아니 애초에 버튼 같은 것도 필요 없으니 그 인형보다도 훨씬 더 사랑 표현을 많이 하는 사람인 것 같다. 우리가 그냥 아는 사이였을 때, 그가 자기는 연애를 하면 스윗한 스타일이라고 언젠가 말했던 것 같기는 하다. 그땐 내가 그 대상이 되리라곤 전혀 생각하지 않았기에 그 말은 그저 스쳐 지나갔지만, 사귀고 나자 알게 되었다. 그가 말했던 '스윗한 스타일'은 '사랑 표현이 무척 많은 스타일'이었다는 것을.

처음엔 그의 그런 표현들이 싫은 건 아니지만 너무 어색했다. 나는 무뚝뚝한 편이고 평소에 쓰는 말투도 담백하기에 그럴 수밖에 없었다. 또 당시에는 그의 잦은 사랑 표현에 대해 거부감이 들기도 했는데, 나에게도 그만큼의 사랑 표현을 강요할까 봐 지레 겁이 났었기 때문이다. 하지만 그는 자신은 엄청 자주 사랑 표현을 하면서도 다행히 나한테까지 그걸 요구하지는 않아서 나는 시간적 여유를 가지고 그의 사랑 표현에 점점 익숙해질 수 있었고, 편안하게 받아들이게 되었다. 그리고 그런 긍정적인 말들을 자주 듣다 보니 심리학 강의에서 배운 것처럼 자존감이 오르는 것도 느껴져서 좋았다. 원래도 그리 낮은 편은 아니었지만 말이다.

그래서 불현듯 그가 나에게 해주는 사랑이 넘치는, 때로는 손발이 오그라드는 말들을 적어보고 싶어졌다.

그는 "사랑해"라는 말을 정말 자주 그리고 많이 한다. 나는 그 말을 듣고 고개를 끄덕이며 알았다는 반응을 하기도 하고, "나도" 혹은 "사랑해"라고 화답하기도 한다. 이때 내가 "사랑해"라고 답하면 그는 자주 "얼마큼?"이라고 다시 묻는데, 내가 "많이"라고 대답할 때 대화는 깔끔하게 마무리된다.

그는 "사랑해" 앞에 비교급 '더'를 붙여 "내가 더 사랑해"라고 말하는 것도 좋아한다. 이는 그가 자주 하는 질문 중 하나인 "나보다?"와도 연결되는 것 같은데, 그는 내가 무언가 좋다고 말하면 그게 뭐든지 비교하는 형태로 다시 물어온다. 예를 들어,

내가 "오늘 독서 모임에 새로 오신 회원님이 말씀도 잘하시고 정말 좋았어~"라고 말하면, "나보다?"라고 묻는 식이다. 비교의 대상은 사람에 국한되지 않고, 풍경, 노래, 음식 등 세상에 존재하는 모든 것들이라고 보면 된다. 언젠가 그에게 왜 그렇게 비교를 좋아하냐고 물었더니, 나한테만큼은 모든 면에서 자신이 최고이고 싶어서라고 했다.

내가 무언가 하고 있을 때 그가 갑자기 다가와서 빤히 쳐다볼 때가 있다. 그 시선이 부담스러워 "왜?"라고 물으면, 뻔뻔하게도 "자긴 왜 그렇게 좋아?" 혹은 "자긴 왜 그렇게 예뻐?"라는 당황스러운 질문을 던진다. 여기에 무슨 답을 해주겠냐마는 어차피 '답정너' 질문이라 나의 대답은 아무런 의미가 없다. 다만, 그런 말을 아무렇지도 않게 한다는 게 매번 놀랍고 신비로울 뿐이다.

그는 때때로 "자기 내 거?"라는 의문문이나 "자기 내 거"라는 평서문을 통해 나에 대한 소유권을 주장하기도 한다. 나는 여전히 '사람은 누군가의 소유물이 될 수 없다'고 생각하지만, 자기 것이어야 책임지고 보호해 주고 싶은 마음이 들어서 그런다는 그의 마음을 수용하기로 한 다음부터는 "응, 알겠어"라고 수긍의 답을 전하고 있다.

"고마워. 자기 만나서 너무 다행이야"라는 말은 사귀고 얼마 지나지 않아서부터 지금까지 자주 하는 말이고, "이렇게 평화로운 일상이 비현실적이야. 너무 행복해"라는 말은 결혼한 후부터 지금까지 자주 하는 말이다. 두 표현 모두 그가 현재 자신의 삶에 만족하고 있다는 의미를 내포하고 있어, 듣고 있으면 앞서 언급한 나에 대한 사랑 표현들보다 훨씬 더 기분이 좋다. 그리고 그는 이러한 말들 뒤에 "요즘 행복해?"라고 물으며 나의 행복도 함께 확인하곤 하는데, 나는 그의 그런 섬세함이 언제나 참 좋다.

가끔 그는 내가 누구를 만나고 오면 "내 자랑했어?"라고 묻는데, 자매품으로 내가 누구를 만나러 갈 때 "내 자랑 많이 하고와. 알겠지?"도 있다. 그 이유가 궁금했던 나는 어느 날 그에게 남들은 우리에게 별로 관심이 없을 것 같고, 오히려 남편 자랑 얘기를 아무도 안 좋아할 것 같은데 왜 그런 얘길 하기를 원하는지 물어보았다. 그러자 그는 남들이 남편을 잘 만나 잘 사는 나를 부러워하면 좋겠다고 대답했다. 그 말을 듣고 나는 '흠, 그건 내가 나가서 말로 자랑을 한다고 되는 게 아닐 텐데'라고 생각했다. 잘 사는 사람들은 굳이 말로 티 내지 않아도 그 특유의 여유와 행복감이 느껴질 테니 말이다.

진짜 가끔 그는 "어디서 타는 냄새 안 나요?"라든지 "이 안에 너 있다" 같은 드라마 대사를 가지고 몹쓸 패러디를 의식의 흐름대로 하기도 한다. 지금의 나는 그의 그런 장난을 무척 재밌어하지만, 과거의 나는 장난을 정말 싫어하는 사람이었다. 그때 나는 나에게 장난치는 사람을 가벼운 사람, 무례한 사람, 혹은 나를 곤란하게 하려는 사람으로 여기는 상당히 왜곡된 사고를 하고 있었기 때문이다.

그런 나에 비해 그는 연애할 때부터 나한테 장난치는 걸 무척 좋아했고, 언제라도 장난칠 준비가 되어 있는 사람이어서 처음엔 스트레스를 꽤 많이 받았다. 하지만 그와 안정적인 관계를 유지하고 생활에 여유가 생기면서 점차 유치한 장난에 대한 스트레스가 줄어들고 재밌어졌다. 그래서 이제는 나도 함께 즐기고 있다.

생각해 보면, 삶에서 '긴장'과 '염려'가 감정의 주류였던 나에게 그의 사랑과 장난은 언 땅을 녹이는 햇살 같았다. 따뜻해졌다. 누그러졌다. 그리고 기쁜 마음으로 사랑 표현을 함께 나누게 되면서, 장난을 장난으로 받아들일 수 있게 되면서 나는 날마다 해맑은 아이처럼 웃게 되었다.

연애 심리학

66 사랑은 사람을 변하게 만든다. 안 좋은 방향일 수도 있고, 좋은 방향일 수도 있다. 사랑한다는 말을 자주 들으면 좋은 방향으로 변하는 것 같다. 서로가 서로에게 자주 표현하자. 사랑이 이루어지고 결혼한 후에도 변함없이 사랑을 이어가기 위해서는 서로의 노력이 중요한 부분을 차지한다. 내가 먼저 더 많이 사랑하도록 하자.

♥ 에필로그 ♥

초고를 완성하고 며칠 지나지 않아 내 글에 대해 자주 궁금해 하던 남편에게 보여주었다. 남편은 순식간에 읽더니 "편파적인 시각일 수도 있지만, 개인적으로 나는 마음에 들어"라고 했다. 이야기의 주인공 중 한 명이자 내 글의 첫 번째 독자인 남편이 만족했다니 일단 일차적 성공은 이룬 것 같아 안도했다.

처음에는 '우리'에 대한 이야기가 하고 싶어 글을 쓰기로 마음먹었다. 일단 하고 싶은 이야기를 내 기억의 순서대로 조각조각 써 내려갔다. 한 편 한 편 글을 쓰며 다시 그때로 돌아가 과거의 우리를 만났고, 현재의 우리도 한 번 더 세심히 살폈다. 그러면서 우리의 역사를 차곡차곡 글로 담았다. 의미 있고 귀한 시간이었다. 드디어 마지막 목차의 이야기까지 다 썼을 때 내 머릿속에만 있던 우리의 역사가 눈으로 읽을 수 있는 글이 되었다는 생각에 뭉클했다. 시간의 흐름에 따라 기억이 희미해진다 해도, 이제는 그 옅어진 기억을 살릴 수 있는 글이 있어 든든하다.

덧붙여, 처음에는 개인적인 이유로 시작했지만, 글을 쓰다 보니 내가 쓴 글이 누군가에게 자그마한 도움이라도 되었으면 좋

에필로그

겠다는 욕심이 점점 더 커졌다. 그래서 '개인 에세이'로 시작한 이야기가 결국 '연애 심리학'으로까지 범위가 확장되었다. 그렇기에 만약 연애의 시작을 망설이는 싱글, 서로의 역사를 함께 쓰고 있는 커플, 예쁜 사랑을 꿈꾸는 ADHD를 가진 분과 그 짝꿍, 그리고 특히 자신의 예민성 때문에 연애와 사랑에 대한 고민이 많은 이가 이 책을 읽으며 잠시나마 고개를 끄덕이고 미소지을 수 있다면, 더할 나위 없이 기쁠 것 같다.